Response Art

Avgustina Stanoeva

Response Art

Die therapeutische Präsenz als Potential für Veränderung im kunsttherapeutischen Prozess

Springer

Avgustina Stanoeva
Kbo-IAK Haar
München Deutschland

ISBN 978-3-658-47570-3 ISBN 978-3-658-47571-0 (eBook)
https://doi.org/10.1007/978-3-658-47571-0

Die Deutsche Nationalbibliothek verzeichnet diese Publikation in der Deutschen Nationalbibliografie; detaillierte bibliografische Daten sind im Internet über https://portal.dnb.de abrufbar.

Planung/Lektorat: Eva Brechtel-Wahl
Springer ist ein Imprint der eingetragenen Gesellschaft Springer Fachmedien Wiesbaden GmbH und ist ein Teil von Springer Nature.
Die Anschrift der Gesellschaft ist: Abraham-Lincoln-Str. 46, 65189 Wiesbaden, Germany

Competing Interests

Der/die Autor*in hat keine für den Inhalt dieses Manuskripts relevanten Interessenkonflikte.

Inhaltsverzeichnis

Abbildungsverzeichnis

1 Begründung für eine Ästhetik der Bewegung

Zusammenfassung

Das erste Kapitel führt in das Thema der künstlerischen Antwort im therapeutischen Kontext ein und verortet es aus kunsthistorischer Perspektive. Die feine Berührung der Kunstgeschichte zeigt die Vorbilder für die gegenwärtige künstlerische Forschung auf, schlägt eine Brücke zur klinischen kunsttherapeutischen Praxis der Autorin und eröffnet eine neue Perspektive auf die Phänomene Bewegung und Verortung im Raum, die objektiv schwer zu erfassen sind.

Die wachsende Beziehung zwischen Kunst und Psychologie ist von einem Forschergeist und einem gemeinsamen Interesse an den Tiefen der menschlichen Seele geprägt. Als Ausdrucksmittel und Weg für emotionale Beteiligung sucht die bildende Kunst Berührungspunkte mit den Traditionen verschiedener Paradigmen. Die theoretischen Grundlagen der Psychologie wiederum zeigen ein wachsendes Interesse an Bildern, die unterschiedliche seelische Erfahrungen repräsentieren, sodass bidirektional Schnittstellen entstehen. Peter Tzanev (2020) bezeichnet die Verbindung zwischen Kunst und Psychologie als unsichtbar, da diese Disziplinen Phänomene erforschen, die sich nicht leicht zur Objektivierung eignen. „Kunst und Psychologie experimentieren mit der menschlichen Unbeständigkeit", so der Autor weiter, „sie erfassen Nuancen der menschlichen Vorstellungskraft und des Verhaltens, die sich stabilen und dauerhaften Strukturen entziehen" (ebd.). Mit ihrer Sensibilität bewegen sich Künstler oft in Grenzbereichen und erfassen die feinen Nuancen zwischen extremen kategorischen Unterscheidungen.

Ziel meiner Forschung war es, die unsichtbaren Phänomene der Bewegung und der Präsenz im Raum zu untersuchen, die objektiv schwer zu erfassen sind. Bewegung ist ein Phänomen, das es uns ermöglicht, eine Verbindung zwischen Innen und Außen herzustellen. Sie ist Ausdruck eines inneren Wunsches, mit der Außenwelt in Kontakt zu treten,

A. Stanoeva, *Response Art*, https://doi.org/10.1007/978-3-658-47571-0_1

und gleichzeitig eine durch äußere Reize bedingte Reaktion. Durch unsere Bewegung können wir unsichtbare und ephemere Formen in der Luft gestalten, indem wir uns einem Tanz hingeben.

Ende des 19. Jahrhunderts wurde eine wissenschaftliche Untersuchung der Bewegung in der Fotografie als neues Medium zum Abbilden der Realität vorgenommen. Auch wenn diese Studien aus der lückenhaften Wahrnehmung unserer Sinne getrieben wurde, um eine Sichtbarkeit der Bewegung zu erreichen, so gewann sie eine ästhetische Wirkung und Bedeutung für die Entwicklung der bildenden Kunst (Verant, 2010).

Marcel Duchamp und Eadweard Muybridge waren von Bewegungsabläufen fasziniert und versuchten, die Körperbewegungen von Menschen und Tieren fotografisch einzufangen oder malerisch zu übersetzen. Während Muybridge sich in seinen Experimenten darauf konzentrierte, die Bewegung ästhetisch in einzelne Phasen zu zerlegen (Sell, 2012, S. 201), war der Physiologe Marey daran interessiert, die Phasen zu einem vollständigen Bewegungsmuster zu verschmelzen (Snyder, 2002, S. 142–143). Auf diese Weise behandelte die Fotografie das Thema Bewegung nicht nur als Phasenbild (Muybridge) und als Abstraktion der grafischen Elemente Linie und Punkt in einer reduzierten Bewegungsspur (Marey), sondern auch als Bewegungsfluss der Bewegungsunschärfe. Die letzten Experimente haben auch die zeitgenössische Malerei beeinflusst, beispielsweise in den Werken von Gerhard Richter.

1949 experimentierte auch Pablo Picasso mit dem Fotografen Gjon Mili, Bewegungsabläufe beim Malen in der Luft einzufangen. Die aus der Faszination für die Fotografie entstandene *Lichtmalerei* (Baldassari, 1997) dokumentiert seine Versuche, mit Licht zu malen und die Bewegungslinien festzuhalten. Diese Malereien in der Luft werden nur für einen kurzen Augenblick sichtbar und lassen sich allein durch die Fotografien in Langzeitbelichtung als ein Ganzes erfassen.

Das Phänomen der Bewegung wird in den 1960er-Jahren von Joseph Beuys aufgegriffen und in einen neuen Kontext gestellt. In seiner Differenzierung zwischen Skulptur und Plastik bezeichnete der Künstler die Skulptur als etwas Materielles und Totes, eine Plastik dagegen als etwas Geistiges bzw. Ideelles (Famulla, 2009, S. 79). Beuys brachte somit die Bewegung mit seinem neuen Begriff für Plastik in einen engen Zusammenhang, der in der Äußerung „Bewegung ist Plastik" mündet (Kufus & Veiel, 2017). Er verstand sie als eine Art Plastik im Augenblick. Als solche wird diese kurz in einer einfachen oder komplexen Handlung oder Körperbewegung sichtbar. Laut Kramer (1995, S. 8–9) können Beuys' szenische Aktionen als „plastische Vorgänge in einer bestimmten Zeitstruktur" verstanden werden.

Diesen Überlegungen zufolge enthält die Bewegung das Element *Zeit*, d. h., wenn die Bewegung sich in Form einer Linie manifestiert, entsteht diese zeitlich infolge einer Summierung der einzelnen Körperpositionen, die sich grafisch auf Punkte reduzieren lassen. Eine ähnliche Abstraktion der Bewegung auf Punkt und Linie begegneten wir bereits in den früheren fotografischen Experimenten von Marey.

Natürlich klingelten diese Experimente bis in die 1920er-Jahre hinein nach, z. B. in Kandinskys philosophischen Studien und künstlerischen Experimenten. In seinem Werk

Punkt und Linie zu Fläche versuchte der Künstler, die einzelnen Elemente einander gegenüberzustellen, suchte gleichzeitig auch nach Parallelen zur Musikwelt. Er bezeichnete das Element *Punkt* einerseits als Spur im Raum und nannte als Beispiel das schnelle Laufen auf den Fußspitzen im Ballett (*Pointe-Technik*[1]). Andererseits, so Kandinsky weiter, können Punkte als statische Positionierungen verstanden werden, d. h. als „aktive und passive Punktierung" (Kandinsky, 2020, S. 44). „Die geometrische Linie ist ein unsichtbares Gebilde", fuhr Kandinsky fort, „sie ist die Spur des sich bewegenden Punktes" (Kandinsky, 2020, S. 57). „Sie", so er weiter, „wächst organisch aus den Punkten."

Bezug nehmend auf die theoretische Fundierung der kunstgeschichtlichen Tradition sowie auf die künstlerischen Experimente zahlreicher Künstler in dieser Richtung, verwundert das persönliche Interesse der Autorin nach Analogie in der Kunsttherapie nicht.

Als ein Lebenszeichen ist die Bewegung durch Rhythmus, Direktion sowie Individualität charakterisiert und zeigt unser Temperament in der Interaktion mit der Welt. So gesehen lässt sich die Bewegung weder als richtig oder falsch noch als normal oder pathologisch bezeichnen. Sie ist eine ursprüngliche Kommunikation, die individuelle Charakterzüge und gespeicherte Lebenserfahrungen zum Ausdruck bringt.

In meiner Forschung handelt es sich nicht allein um real ausgeführte Körperbewegungen. Der Mensch besitzt die Fähigkeit, sich geistig fortzubewegen, ohne einen Raum wirklich zu verlassen. Diese Fähigkeit ermöglicht es uns, uns an andere Orte zu versetzen, z. B. durch Fantasieren. Unser Körper definiert und löst Grenzen auf, gleichzeitig ist er eine räumliche und zeitliche Grenze zwischen Materie und Geist.

Auch wenn ich hier das Feld der Kunstgeschichte vorsichtig berühre, beschäftigt sich meine Arbeit mit dem Phänomen Bewegung als Spur in der Psychopathologie aus der Perspektive der Kunsttherapie. Sie zeigt, wie ausgehend von den theoretischen Grundlagen ein klientenzentriertes kunsttherapeutisches Konzept entwickelt und als 8-wöchiges Projekt im klinischen Setting durchgeführt wurde. Die Evaluation wurde auf zwei Schwerpunkte fokussiert: *Subjekt-Objekt-Beziehung* und *Gruppendynamik*. Die Resultate der Evaluation sind nicht Gegenstand dieses Buches. Vielmehr zielt es auf meine künstlerische Auseinandersetzung mit den Ergebnissen der Forschung als Antwort und Reflexion auf das Projekt.

Zielsetzung des Projekts war es, zu veranschaulichen, wie die Arbeit mit künstlerischen Mitteln dazu beiträgt, unsichtbare Phänomene wie Bewegung und Präsenz im Raum sowie Grenzen im therapeutischen Prozess festzuhalten. Die Begriffe *Bewegung*, *Raum* und *Ort* wurden in meiner Forschung sowohl auf die reale Wirklichkeit als auch auf das subjektive innere Erleben der Versuchspersonen bezogen. Die Relation *Linie – Fläche – Form* wurde als künstlerischer Ausdruck der Beziehung *Bewegung – Positionierung – Abgrenzung* interpretiert.

[1] Spitzentanztechnik im Ballett, bei der man auf den Spitzen der vollständig gestreckten Füße tanzt.

Literatur

Baldassari, A. (1997). *Picasso und die Photographie. Der schwarze Spiegel.* Schirmer/Mosel.

Famulla, R. (2009). *Joseph Beuys: Künstler, Krieger und Schamane. Die Bedeutung von Trauma und Mythos in seinem Werk.* Psychosozial.

Kandinsky, W. (2020). *Punkt und Linie zu Fläche* (14. Aufl.). Benteli.

Kramer, M. (1995). *Klang & Skulptur. Der musikalische Aspekt im Werk von Joseph Beuys.* Jürgen Häusser.

Kufus, T. & Veiel, A. (2017). BEUYS, Deutschland 2017. DOK.panorama.

Sell, M. (2012). Kunst, Beziehung und Transzendenz. *Musik-, Tanz- und Kunsttherapie, 23*(4), 200–208.

Snyder, J. (2002). Sichtbarmachung und Sichtbarkeit. In P. Geimer (Hrsg.), *Ordnungen der Sichtbarkeit* (S. 142–167). Suhrkamp.

Tzanev, P. (2020). Visual representation of psychological concepts and terms in modern and contemporary art. *Art in Psychology, 1*(2) (online) ISSN 2683-0159.

Verant, O. (2010). Die Bewegungsdarstellung in der Fotografie des 19. Jahrhunderts – von der wissenschaftlichen Analyse zum künstlerischen Ausdruck. *Fotogeschichte, 30*(Heft 116).

Die Bedeutung der künstlerischen Antwort in der kunsttherapeutischen Arbeit

2

Zusammenfassung

Das zweite Kapitel vertieft sich in das Thema der künstlerischen Antwort im klinischen kunsttherapeutischen Kontext. Hier wird illustrativ gezeigt, wie ausgehend von den theoretischen Paradigmen ein klientenzentriertes Konzept für die kunsttherapeutische Praxis entwickelt wurde. Anschließend veranschaulicht die Autorin wie das theoretische Konzept als ein 8-wöchiges Projekt für die Gruppe im klinischen Bereich durchgeführt wurde. Das Projekt verdeutlicht, wie die psychoanalytischen theoretischen Konzepte zum Einsatz in der Kunsttherapie kommen können, um die Erfahrungen der Klient*innen sichtbar, qualitativ beschreibbar und körperlich erfahrbar zu machen.

2.1 Einführung

Als Forschungsobjekt meiner Masterarbeit untersuchte ich vor einigen Jahren die Bewegungen einer Gruppe von Menschen mit der Diagnose Borderline-Persönlichkeitsstörung (BPS). An der Studie nahmen 13 Frauen und 3 Männer aus dem stationären klinischen Bereich mit dialektisch-behavioraler Therapie (DBT) teil. Während des 8-wöchigen kunsttherapeutischen Projekts hatte ich die Gelegenheit, sowohl das Entstehen von „sicheren Orten" als auch die Relation zwischen innerer und äußerer Wirklichkeit zu beobachten. Darüber hinaus zeichnete ich die Bewegung dazwischen mit einem speziell dafür von mir entwickelten grafischen Modell auf. Das Ziel meiner Untersuchung war es, herauszufinden, ob die Arbeit mit künstlerischen Mitteln das Alles-oder-Nichts-Muster der Bewegung bei Menschen mit BPS verändern und das Pendeln zwischen den Polen ausgleichen

A. Stanoeva, *Response Art*, https://doi.org/10.1007/978-3-658-47571-0_2

kann. Im Weiteren zielte die Studie darauf ab, einen positiven Effekt auf den Selbstausdruck, die Emotionsregulation und die Instabilität des Selbstbildes zu bewirken und insgesamt zu einer Verbesserung des allgemeinen psychischen Zustands der Patient*innen beizutragen. Das Konzept setzte seine Schwerpunkte möglichst nahe an den Betroffenen, in den Bereichen, in denen sie eine besondere Problematik aufwiesen, mit dem Anliegen nach bestimmten Verhaltens- und Bewegungsmustern zu suchen.

2.2 Das Projekt – Grundlagen und Hypothesen

Menschen mit BPS weisen große Probleme bei der Gestaltung zwischenmenschlicher Beziehungen auf (Haeyen et al., 2020, 2018a; Kreisman & Straus, 2015). Aufgrund einer erhöhten Impulsivität und affektiven Instabilität schwanken die Betroffenen intensiv zwischen Idealisierung und Abwertung, sie pendeln zwischen den zwei entgegengesetzten Polen in einem Schwarz-Weiß-Muster, das kaum graue Zwischentöne zulässt. Die Versuche der Therapeut*innen, die Patient*innen ins Hier-und-Jetzt zurückzuholen, stellen sich meist als große Herausforderung dar. So bewegen sich die Menschen sehr sprunghaft zwischen Realität und Fantasie (Stanoeva, 2018).

Das oben Beschriebene deutet auf eine größere Bedeutung von Körperempfindungen bei Menschen mit BPS hin, als ursprünglich angenommen. Als eine nonverbale kreative Therapie, die sich auf emotionale Erfahrungen bezieht, sollte die Kunsttherapie eine wichtige Rolle im Behandlungskonzept spielen (Haeyen et al., 2015, 2018b). Ihre therapeutische Wirkung wurde mit der Fähigkeit zum Selbstausdruck, der Selbstwahrnehmung und dem allgemeinen psychischen Wohlbefinden in Verbindung gebracht (Lamont et al., 2009). Die Kunsttherapie könnte für Borderline-Patient*innen sehr hilfreich sein, um emotionale Dysregulation und Instabilität des Selbstbildes anzugehen (Haeyen et al., 2018a).

In der Literatur werden pathologische Organisationen bei BPS häufig als „Zustände des seelischen Rückzugs" beschrieben – in Bildern von Höhlen, sicheren Häfen, fernen Ländern oder einsamen Inseln – Räumlichkeiten, die Frieden, Sicherheit und Geborgenheit bieten (Weiß, 2009, S. 12, 20–21, 35). Diese Zufluchtsorte, die ursprünglich Schutz vor unerträglichen Ängsten bieten sollten, verwandeln sich oft in Sackgassen oder Gefängnisse, aus denen die Patient*innen nicht herauskommen können (ebd., S. 20–21).

Um komplexe psychische Organisationsformen zu untersuchen, führte Melanie Klein in ihrem Konzept zwei „Positionen" ein, die in Bezug zueinander stehen: *paranoid-schizoide* und *depressive Position* (1935, zit. n. Fonagy, 2009, S. 92). In ihrer Arbeit beschrieb Klein (1946, S. 8) die Persönlichkeitsentwicklung als „ein beständiges Oszillieren zwischen projektiven und introjektiven Bewegungen, zwischen Phasen von Integration und Desintegration". Wilfred Bion begriff das Oszillieren zwischen *paranoid-schizoider* und *depressiver Position* auch als Teil eines Entwicklungsprozesses (1990, S. 26). Nach Klein sind die Objektbeziehungen in der *paranoid-schizoiden Position* durch Fragmentierung, Spaltung und primitive projektive Identifizierung gekennzeichnet (1946, S. 15–23). Führend sind hier die verfolgenden Ängste, die Abwendung der Bedrohung und das Überleben des Selbst. Die *depressive Position* dagegen wird durch Beziehungen zu ganzen Objekten charakterisiert. Die Integration wird hier möglich durch das Erkennen, dass das gleiche Objekt unterschiedliche Emotionen hervorrufen kann (ebd.). „Der Abzug von Projektionen lässt ein starkes Gefühl von Getrenntheit entstehen, was mit Verlusterleben und intensiver Trauerarbeit verbunden ist." (Weiß, 2009, S. 25). Vom Überleben des Selbst wird der Schwerpunkt auf die Sorge um das Objekt verschoben, von dem eine Abhängigkeit besteht.

John Steiner (1993 zit. n. Weiß, 2009, S. 33) modifizierte Kleins Modell und führte eine zusätzliche dritte Position ein – die *Borderline-Position*. Laut Steiner befindet sich diese an der Grenze zwischen innerer und äußerer Realität und steht mit den anderen zwei Positionen in einem dynamischen Gleichgewicht (ebd.). Die Idee, dass sich bei BPS eine eigene Wirklichkeit und ein eigener Raum bilden und dass verschiedene Positionen als Zustände seelischen Rückzugs existieren, ist nicht neu. Mir war es wichtig, herauszufinden, wie diese psychoanalytischen Konzepte in der Kunsttherapie eingesetzt werden können. Zusätzlich suchte ich nach Antworten, auf welche Weise das Wissen um diese Refugien den Behandlungsprozess unterstützen kann.

Von größerer Bedeutung für den therapeutischen Prozess ist meines Erachtens unsere Fähigkeit in der Kunsttherapie, diese Positionen sichtbar, qualitativ beschreibbar und körperlich erfahrbar zu machen. Auf diese Weise können sie Verbindung und Integration erleichtern und zu einem Potential für Veränderung werden.

Wie bereits erwähnt, untersuchte ich in meiner Meisterarbeit die Bewegungen einer Gruppe von Menschen im klinischen Kontext. Dabei wurden sowohl die „sicheren Orte" und „Zufluchtsorte" im Rahmen des kunsttherapeutischen Projekts betrachtet, als auch die Relation zwischen Realität und Fantasie berücksichtigt. Meiner Meinung nach kann die Zugehörigkeit der traumatischen Erlebnisse oder der sog. Zufluchtsorte der Patient*innen mithilfe einer Linie sichtbar gemacht werden (Stanoeva, 2018). Die Verbindung dieser Orte in einer Bewegungslinie könnte unter Umständen den Integrationsprozess unterstützen, da diese bereits aus dem zeitlichen und räumlichen Kontinuum herausgeholt sind, unabhängig von Kontext und Realität. Auf diese Weise werden die Orte auf eine Linie verschoben, die ich als *Erlebnislinie*[1] bezeichne. Diese weist eine eigene Logik und Gesetzmäßigkeit auf und hat eine eigene Richtung, die weder in die Zukunft noch in die Vergangenheit führt, sondern eine ständige Bewegung dazwischen ist. Durch die Verschiebung in eine andere Dimension wird die Verbindung der Orte ermöglicht. Wenn die einzelnen Punkte nicht zur Fläche gehören, die im Prozess von mir „Realität" genannt wird, so werden sie Teile einer Linie. Die Abb. 2.1 veranschaulicht hypothetisch die Verortung der Patient*innen und ihre Abtrennung von der „Realität", wobei der Versuch angestellt wird, ihre Bewegung für den Zweck der Forschung zu erklären. Grafisch wird dies erreicht, indem die „Realität" als Fläche und die sog. Zufluchtsorte als Punkte außerhalb der

[1] Einführung eines eigenen Begriffs.

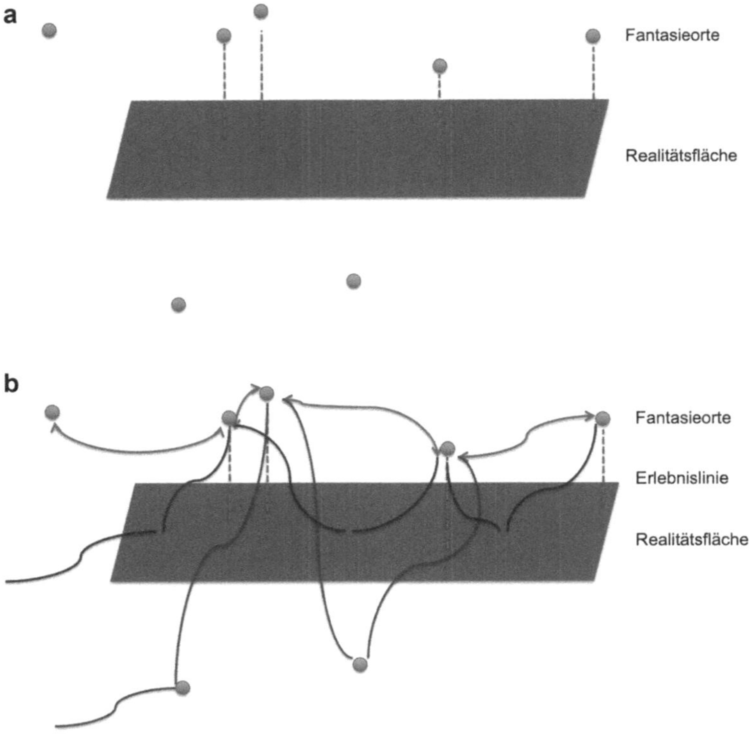

Abb. 2.1 **a** Das kunsttherapeutische Setting als Realitätsfläche und Verortungen infolge von Fantasieren oder Dissoziieren. **b** Bewegungslinien zwischen Realität und Fantasie

Fläche dargestellt werden, die anschließend durch eine Bewegungslinie verbunden werden. Im Gegensatz zu Weiß (2009), der von „Ortlosigkeit" spricht, sind die Orte anderswo, aber nicht nirgendwo. So untersuchte ich die Bewegungen der Patient*innen in ihrer Individualität, nicht in ihrer Existenz oder Funktionalität. Ich sehe meine Aufgabe darin, einen Raum in der Kunsttherapie zu bieten, in dem die Bewegungslinien mithilfe unterschiedlicher Medien im Atelier sichtbar werden, und darin, mich zusammen mit den Patient*innen auf eine Entdeckungsreise auf diese Linie zu begeben.

Unterstützend möchte ich auf die Forschung von Wassily Kandinsky verweisen, die erstmals 1926 im Buch *Punkt und Linie zu Fläche*[2] veröffentlicht wurde. In seinen Studien bezeichnete Kandinsky *den Punkt* zeitlich als einen „Augenblick der Trennung von der Fläche", aber auch als „Selbstbehauptung" dieses besonderen Ortes, er „ zeigt nicht die geringste Neigung zur Bewegung in irgendwelcher Richtung, weder horizontal noch vertikal" (Kandinsky, 2020, S. 30). „So ist er innerlich *die knappste ständige Behauptung*, die kurz, fest und schnell entsteht", sagt er (ebd. S. 31). Folgt man seinen Überlegungen *zur*

[2] Übersetzt und veröffentlicht 1947 unter dem Titel *Point and Line to Plane*, Museum of Non-Objective Painting New York.

Linie weiter, so wird es deutlich, dass sie von Kandinsky als ein zusätzliches oder sekundäres Element gesehen wird, im Gegensatz zum archetypischen Wesen des Punktes. „Die Linie wächst organisch aus Punkten heraus", sagt Kandinsky (2020, S. 107). Die Linie, schreibt er, entstehe aus der Bewegung „durch Vernichtung der höchsten in sich geschlossenen Ruhe des Punktes". „Hier wird der Sprung aus dem Statischen in das Dynamische gemacht", so der Künstler weiter (ebd. S. 57).

Bei der Betrachtung der Beziehung zwischen *Punkt* und *Fläche* nennt Kandinsky den Fall des zentralliegenden Punktes im Quadrat als „Grundfläche" (2020, S. 35–36), die für ihn „das Urbild des malerischen Ausdrucks" darstellt. In diesem Fall, so erklärt er, „nimmt der Zweiklang – *Fläche, Punkt* – den Charakter eines Einklanges an", was für ihn eine Art Vereinfachung darstellt.[3] In diesem Sinne könnte man sagen, dass es sich um eine balancierte grafische Form handelt, in der die Fläche und der Punkt als Einheit und nicht als Gegensätze wahrgenommen werden. Zusätzlich werden durch die Entstehung der Linie die Parameter *Zeit, Raum* und *Bewegung* eingeführt. Grafisch gesehen trägt die Linie zur Dynamik bei, die die Situation aus dem statischen Punkt herausführt und somit Aktivität und Potential für Veränderung einführt. Wenn wir das grafische Schema auf die körperliche Ebene übertragen, könnten wir behaupten, dass durch den Wechsel aus der Fixierung der starren Position zur Bewegung im Raum Flexibilität und Erfahrung aus verschiedenen Perspektiven ermöglicht wird, was wiederum ein wertvolles Veränderungspotential für die Therapie darstellt.

Wie bereits aus der Fachliteratur bekannt, bietet die Kunsttherapie, im Gegensatz zur Gesprächstherapie, eine Erweiterung der Kommunikation und damit eine Ausdehnung des Rahmens durch die zusätzliche bildnerische Ebene (Abb. 2.2). Mit dem zusätzlichen kreativen Medium steht die Interaktion zwischen Therapeut*in, Patient*in und Bild im Fokus der Therapie und ermöglicht zahlreiche Wechselwirkungen auf der Beziehungsebene.

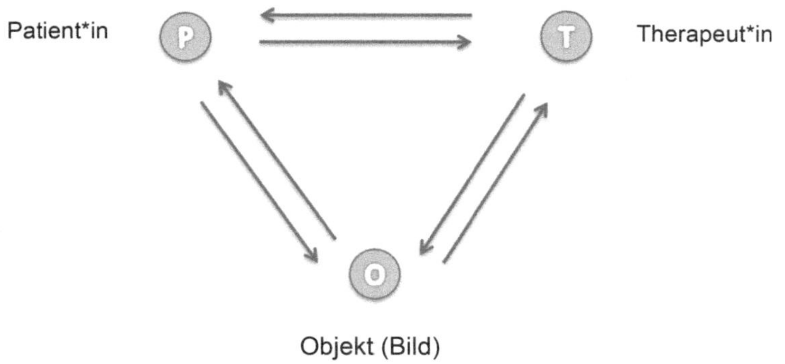

Abb. 2.2 Die therapeutische Triade und die Beziehungsebenen

[3] Hier geht es um Parallelen zur Musik hinsichtlich des Zusammenspiels von Tönen und der grafischen Darstellung derselben mit den Elementen Punkt, Linie und Fläche.

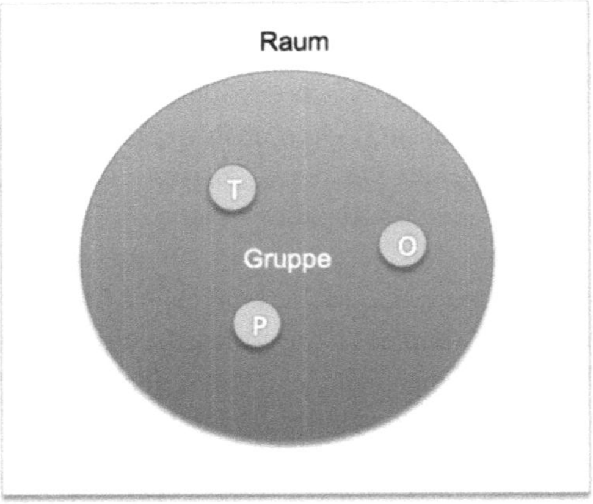

Abb. 2.3 Die therapeutische Triade in Bezug zur Gruppe und zum Raum. *T* Therapeut*in; *P* Patient*in; *O* Objekt

Diese Triade wird je nach Medium in den künstlerischen Therapien unterschiedlich erweitert, beispielsweise durch Musik, Kunst, Tanz, Theater u. a.

Im Rahmen meiner Masterarbeit bildete ich die Gruppendynamik in der Kunsttherapie mithilfe eines neuen Beziehungsmodells ab (Abb. 2.3). Ich gehe stark davon aus, dass die Körperbewegung und die leibliche Präsenz der Menschen im Raum eine bedeutende Rolle für den emotionalen Ausdruck spielen, daher bezog ich das Atelier als ein Teil des therapeutischen Rahmens mit ein. Auch wenn der konkrete Raum eine große Rolle spielt, sollte man den therapeutischen Raum, der sich auf der Beziehungsebene zwischen Gruppe und Therapeut*in aufbaut, offenkundig weiter fassen. Die Untersuchung hatte Menschen mit BPS als Zielgruppe und nahm an, dass der Umgang mit Grenzen in einem engen Zusammenhang mit ihrer Fähigkeit zur Verortung im Raum steht. Je klarer sich eine Person verorten kann, desto besser kann sie ihre eigenen Grenzen spüren und bestimmen, und desto differenzierter kann sie mit fremdbestimmten Grenzen umgehen (Stanoeva, 2018). Zu diesem Zweck wurden verschiedene Ebenen untersucht: Neben der Beziehung zur Therapeutin, zum künstlerischen Objekt und zur Gruppe berücksichtigte ich auch die Beziehung zum Raum (Abb. 2.4). Meinem Beziehungsmodell zufolge befindet sich die therapeutische Triade in einer Gruppendynamik, die in einem Raum verortet ist (Stanoeva, 2018).

2.3 Die künstlerische Reflexion

In meiner Rolle als Therapeutin beobachte ich während der kunsttherapeutischen Sitzungen oft verschiedene Phänomene bei meinen Klient*innen. Meine Sensibilität für das emotionale Erleben der Menschen sowie meine therapeutische Präsenz helfen mir, die kleinsten seelischen Regungen und psychologischen Entwicklungen im kreativen Prozess zu erkennen. Natürlich verstärkt mein künstlerischer Hintergrund das persönliche Interesse an der Wahrnehmung unsichtbarer Phänomene in der Therapie, die durch künstlerische Ausdrucksmittel sichtbar werden. Ausgehend von meinen eigenen Beobachtungen begann ich,

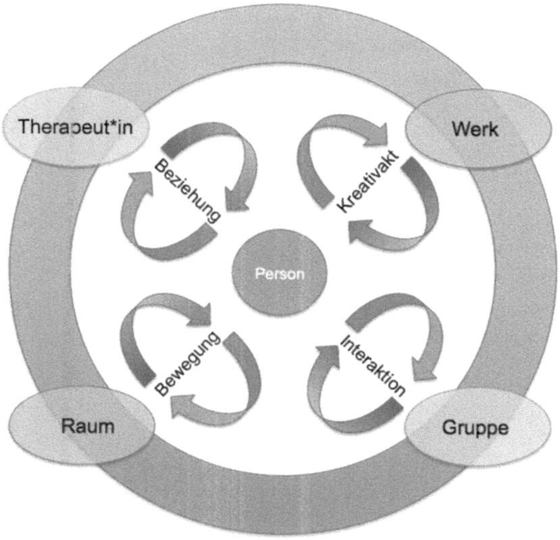

Abb. 2.4 Die verschiedenen Beziehungsebenen: Beziehung zur Therapeut*in, zum künstlerischen Objekt, zur Gruppe und zum Raum

die Bewegung der Teilnehmenden an der Kunsttherapie zu untersuchen, diese akribisch zu dokumentieren, um sie nachempfinden und Veränderungen registrieren zu können.

Wie in der Forschungshypothese 2017 postuliert, trug die Verknüpfung der sog. Zufluchtsorte der Patient*innen in einer Bewegungslinie zu ihrer Integration bei, da sie aus dem Kontinuum der Fläche herausfielen (Stanoeva, 2018). Diese Orte wurden also von mir auf eine Linie übertragen, die ich zum Zweck der Untersuchung als *Erlebnislinie* bezeichnete (ebd.). Auf diese Weise untersuchte ich die Bewegungen der Patient*innen in ihrer Individualität als sichtbare Spuren im kreativen Prozess, ohne ihre Funktion in Frage zu stellen.

Meine Theorie nimmt einen direkten Bezug auf Kandinskys theoretische Ausführungen zu den Elementen *Linie, Punkt und Fläche* (Kandinsky, 2020), die als Grundlage zur Entwicklung meines grafischen Modells dienten, mit dem ich die Positionierung und Bewegung der Teilnehmenden am Projekt aufzeichnete (Abb. 2.5). Die Dokumentation der Bewegung sollte sowohl die subjektive Einschätzung der Patient*innen der sog. inneren Positionierung als auch die Beobachtung durch die Kunsttherapeutin im Raum während der Sitzung berücksichtigen, die mithilfe des Modells aufgezeichnet wurden (Stanoeva, 2018). Da der Platz der Kunsttherapeutin am Arbeitstisch über die 8 Wochen genau definiert war, wurde ein Schema mit der Anordnung der Tische und Plätze im Raum, von oben betrachtet, verwendet. Dies ermöglichte die Beobachtung der Beziehungen zwischen Patient*in und Therapeutin in Bezug auf Nähe und Distanz.

Ein identisches Schema wurde auch von den Teilnehmenden selbst verwendet, um ihre subjektive „innere" Positionierung wöchentlich zu erfassen. Durch die statische quadratische Form des zur Verfügung gestellten Modells konnten sie sich nicht zwischen zwei Polen hin und her bewegen. Vielmehr sollten sich die Patient*innen durch Nähe und Distanz relativ zu dem zentrierten gelben Punkt im Quadrat positionieren (Abb. 2.5).

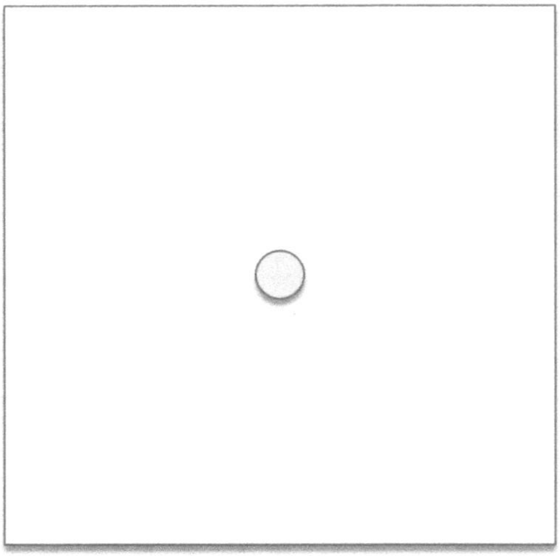

Abb. 2.5 Grafisches Modell: Quadrat mit einem zentrierten gelben Punkt

Subjektiv markierte „Zufluchtsorte" wurden sorgfältig von mir gesammelt und studiert. Als zusätzliche Weiterführung zur Begleitung des kunsttherapeutischen Geschehens markierte ich die Positionen der Menschen auf Transparentpapier und verband sie anschließend in einer Linie im zeitlichen Faden der Emergenz. Mein Forschungsblick war darauf gerichtet, die Verortung und Bewegung der bzw. des Einzelnen im Raum und in Bezug auf mich persönlich nachzuvollziehen, sowie das Oszillieren zwischen Realität und Fantasie nachzuempfinden. Letztlich erstellte ich für jede einzelne Patientin und jeden einzelnen Patienten zwei feine Bleistiftlinien: eine als Folge der räumlichen Verortungen, die ich im Laufe von 8 Wochen beobachtete, und eine der „inneren" subjektiven Positionierungen, die die Teilnehmenden selbst in den einzelnen Sitzungen auf dem Blatt festhielten.

Als ich die beiden entstandenen Linien der Projektteilnehmenden als Spuren betrachtete, entdeckte ich, dass sich diese nicht überschneiden, sondern sich voneinander unterscheiden, teilweise sogar entgegengesetzt zu sein schienen. Auf Basis dieser Tatsache stellte ich fest, dass ich zwei verschiedene Phänomene dokumentierte, und dass sich die *Erlebnislinie* von der *Bewegungslinie* im Raum unterscheidet.

Interessanterweise konnte ich bei einigen Patient*innen eine Präferenz für bestimmte Bereiche der Positionierung feststellen, sowohl in der bildnerischen Arbeit als auch in der subjektiven Bewertung im Modell, beispielsweise im Fall von Frau Blau. Auf Grund der großzügigen Nutzung des Atelierraums konnte bei ihr eine schwungvolle Bewegungslinie registriert werden (Abb. 2.6). Im Gegensatz dazu zeigte Frau Blau bei ihren subjektiven Positionierungen überwiegend eine Präferenz für die rechte untere Ecke des Blattes (Abb. 2.7). Die beiden Linien von Frau Blau – die der Bewegung und die der Erfahrung – lassen sich unmittelbar als übereinanderliegende Transparentpapierbögen vergleichen. Die Zeichnungen der Linien, die sich aus der Positionierung und der Bewegung von Frau Orange ergeben, können ebenfalls auf diese Weise verglichen werden (Abb. 2.8 und 2.9). Frau Pink z. B. hatte einen Stammplatz am Arbeitstisch, sodass es im Atelierraum kaum eine Bewegungslinie re-

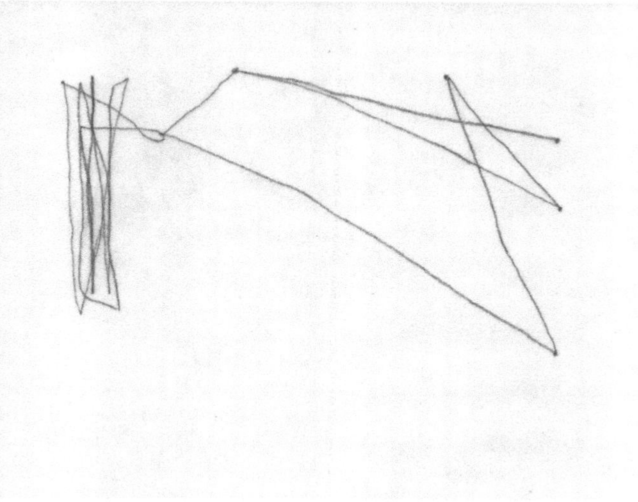

Abb. 2.6 Frau Blau: Bewegungslinie

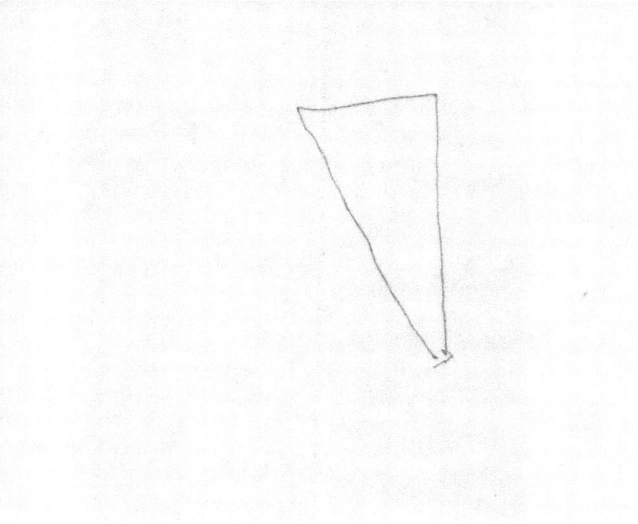

Abb. 2.7 Frau Blau: Erlebnislinie

gistriert werden konnte. Ihre subjektiven Positionierungen zeigten jedoch eine intensive Dynamik der inneren Erfahrung (Abb. 2.10 und 2.11).

In seinen Studien über die *Linie* bezeichnete Kandinsky sie nicht nur als das absolute Gegenteil des *Punktes*, sondern unterschied verschiedene Arten von Linien je nach dem Zusammenspiel einer oder mehrerer Kräfte: *gerade*, *eckig*, *gebogen*, *gewellt* usw. So schrieb er (Kandinsky, 2020, S. 91): „Je mehr abwechselnde Kräfte am Punkt tätig sind, je

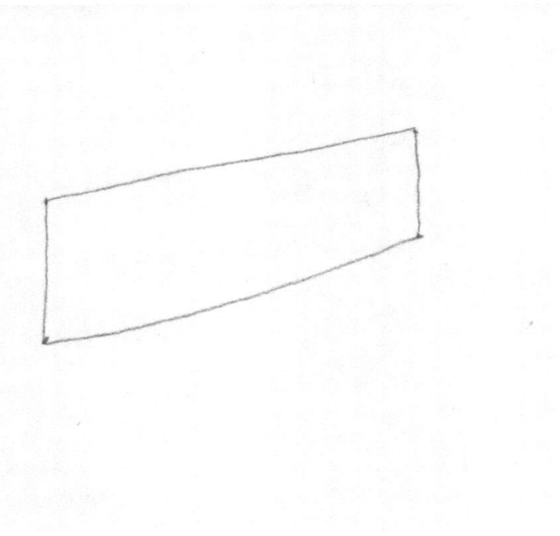

Abb. 2.8 Frau Orange: Bewegungslinie

Abb. 2.9 Frau Orange: Erlebnislinie

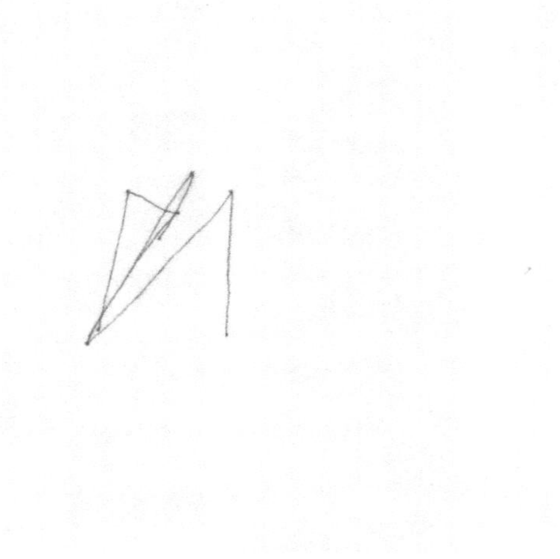

verschiedener ihre Richtungen, und je verschiedener in der Länge die einzelnen Bruchteile einer Eckigen sind, desto kompliziertere Flächen werden gebildet."

Dies ist für die vorliegende künstlerische Forschung und die Analyse der entstandenen Linien von Patient*innen insofern interessant, als Kandinsky später in seiner Studie von *lyrischen* und *dramatischen* Linien sowie von Begriffen wie *Temperament* und *Spannung* spricht. Mit eckigen Linien suggeriert Kandinsky den Einfluss mehrerer Kräfte unterschiedlicher Intensität und Richtung auf einen Punkt, was zu gebrochenen, zackigen Bewegungen der Linie führt. Gebogene Linien hingegen haben Eigenschaften wie Weichheit, Zartheit und Lyrik (Kandinsky, 2020). Folgen wir dieser Argumentation, können wir

Abb. 2.10 Frau Pink: Bewegungslinie

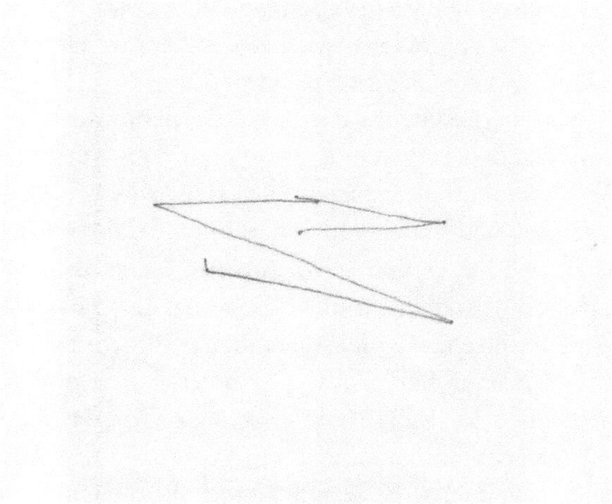

Abb. 2.11 Frau Pink: Erlebnislinie

behaupten, dass die in der vorliegenden künstlerischen Auseinandersetzung registrierten Linien heftige innere Bewegungen und emotionale Erfahrungen sowie ein ständiges Oszillieren zwischen verschiedenen Extremen plausibel und realistisch illustrieren.

Eine weitere interessante Beobachtung machte ich im Fall von Herrn Grau. Der Patient markierte auf dem grafischen Modell immer zwei Kreuze: ein Kreuz innerhalb des markierten quadratischen Feldes und eines außerhalb, vergleichbar mit einem externen Beobachtungsposten oder einer Metaposition. Aus der beschriebenen Diskrepanz schloss ich auf eine interessante Manifestation dissoziativer Erfahrungen während der kunsttherapeutischen Session.

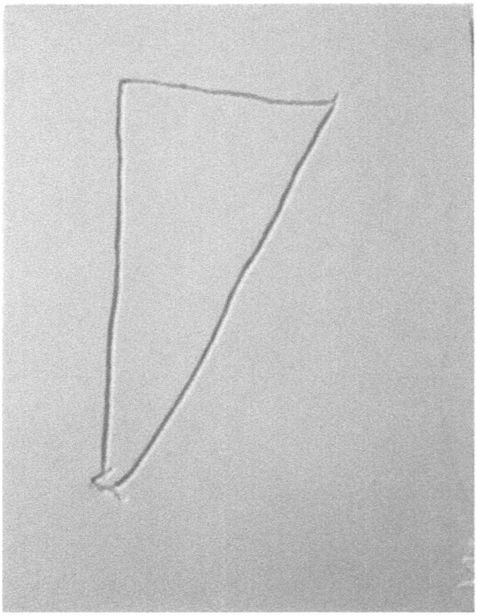

Abb. 2.12 Frau Blau: Bewegungslinie, Interpretation I

Da es sich bei diesem Schema nicht um eine dreidimensionale Darstellung handelt, konnte leider nicht abgeleitet werden, in welchem Verhältnis die beiden Positionen und damit die beiden Bewegungslinien zueinander stehen.

Um die Bewegung der Projektteilnehmenden rückblickend nachzuspüren und zu analysieren, experimentierte ich weiterhin mit verschiedenen künstlerischen Materialien und Techniken. Das Beispiel mit den Bewegungslinien von Frau Blau sollte mein Forschungsinteresse und die nachfolgende Entwicklung einer ästhetischen Forschung veranschaulichen (Abb. 2.12 und 2.13). Aus der Bleistiftzeichnung wurde die Linie auf eine weiche Fläche übertragen, in diese eingeritzt und später ein Gipsabdruck abgenommen. Diese Arbeitsweise ermöglichte es mir, die Bewegungslinie explorativ zu verfolgen und sie aus verschiedenen Perspektiven zu untersuchen: eintauchen in die Tiefe der Oberfläche und betrachten des Reliefs als Erhebung aus der Fläche.

Die subtilen Notationen der Positionen und Ausarbeitungen der Linie durch die Objekte als eine Art Bewegungsforschung stehen mit Joseph Beuys' Konzept der Plastik in Verbindung. „Für Beuys ist Plastik ein energetischer Prozess, also nichts Materielles und nichts Begreifbares: Plastik ist etwas, das sich erfühlen lässt.“ (Famulla, 2009, S. 123). In seiner Arbeit setzte Joseph Beuys die Bewegung in enge Beziehung zu seinem neuen Begriff der Plastik, was in seiner Aussage „Bewegung ist Plastik!“ (Kufus & Veiel, 2017) mündete. Bewegung ist in seinem Verständnis eine Art momentane Plastik. Als solche wird sie kurzzeitig sichtbar, durch eine einfache oder komplexe körperliche Handlung oder Bewegung. Mario Kramer zufolge können Beuys' Bühnenaktionen als „plastische Prozesse innerhalb einer bestimmten zeitlichen Struktur“ verstanden werden (Kramer, 1995, S. 8–9).

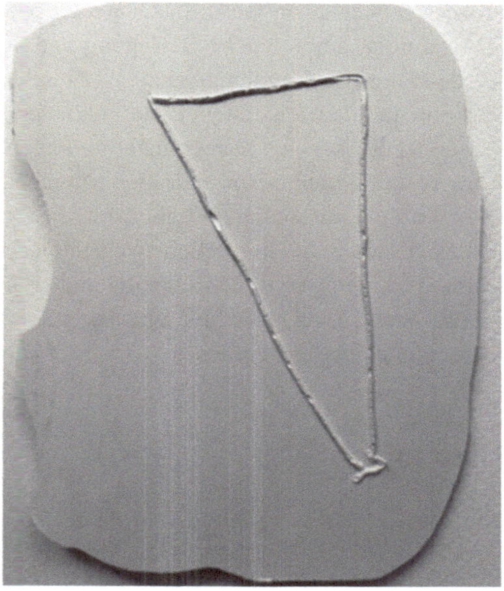

Abb. 2.13 Frau Blau: Bewegungslinie Interpretation II

Auf der Suche nach Parallelen zu den Forschungsansätzen von Künstlern wie Wassily Kandinsky und Joseph Beuys sollen die dargelegten Thesen der Autorin bestätigt werden. Kunst als eine universelle Sprache ermöglicht Transzendenz, wo die traditionelle Wahrnehmung an Grenzen stößt und die Wahrnehmung des Unsichtbaren eine Herausforderung für die menschlichen Sinne bleibt. Die künstlerischen Methoden ermöglichen einen vielschichtigen Blick auf die Wahrnehmungen und komplexen Erfahrungen, der in Bezug auf die Psychologie eine klare Abtrennung zwischen Norm und Abnormität ausschließt. Das Ziel der Kunsttherapeut*innen ist es nicht, eine klare Unterscheidung zwischen Krankheit und Gesundheit, Norm und Pathologie abzubilden, sondern die Authentizität der Erfahrung und der daraus resultierenden Spuren zu erforschen und zu begleiten, sei es im Bild oder im Atelier.

2.4 Zusammenfassung

Um den Körperausdruck als wichtig in der Therapie hervorzuheben, sollten wir zuerst anerkennen, dass Sprache und Bilder nicht die einzigen Kommunikationskanäle im kunsttherapeutischen Raum sind (Stanoeva, 2018, 2022). Somit erscheinen Leibhaftigkeit und Bewegung als zusätzliche nonverbale Kommunikationsebenen zwischen Therapeut*innen und Patient*innen.

Die Arbeit mit künstlerischen Medien erleichtert die Enthüllung unsichtbarer Phänomene wie Bewegung, Raum und Grenzen im therapeutischen Prozess. Die im kreativen

Prozess entstandenen Gegensatzpaare *Innen–Außen*, *Eigen–Fremd* und *Individuell–Kollektiv* werden durch eigene Bewegung und körperliche Verortung im Raum erlebt. Eine Ausdehnung des Handlungsrahmens zwischen Blatt, Raum und Objekt ermöglicht das Verorten in unterschiedlichen Raumkontexten und eröffnet verschiedene Erfahrungsräume des Körpers als abgegrenzter und abgrenzender Ort zugleich. Die Beteiligung des Körpers durch raumergänzende Bewegungen kann das Austesten der damit verbundenen Grenzen unterstützen. Die Möglichkeit, die Orte zu definieren, für sich abzugrenzen, farblich zu gestalten und körperlich zu erfahren, knüpft an emotionale und vorsprachliche Erlebnisse an, unterstützt die Reflexion und erleichtert die Integration. Das Verhältnis *Linie-Fläche-Form* kann hier als ein künstlerischer Ausdruck für *Bewegung-Verortung-Abgrenzung* gesehen werden.

Literatur

Bion, W. R. (1962). *Learning from experience*. Maresfield Reprints.

Bion, W. R. (1990). *Lernen durch Erfahrung*. Suhrkamp.

Famulla, R. (2009). *Joseph Beuys: Künstler, Krieger und Schamane. Die Bedeutung von Trauma und Mythos in seinem Werk*. Psychosozial.

Fonagy, P. (2009). *Bindungstheorie und Psychoanalyse*. Klett-Cotta.

Haeyen, S., van Hooren, S., & Hutschemaekers, G. (2015). Perceived effects of art therapy in the treatment of personality disorders, cluster B/C: A qualitative study. *The Arts in Psychotherapy, 45*, 1–10.

Haeyen, S., van Hooren, S., Dehue, F., & Hutschemaekers, G. (2018a). Development of an art-therapy intervention for patients with personality disorders: an intervention mapping study. *International Journal of Art Therapy, 23*(3), 125–135.

Haeyen, S., Kleijberg, M., & Hinz, L. (2018b). Art therapy for patients diagnosed with personality disorders cluster B/C: A thematic analysis of emotion regulation from patient and art therapist perspectives. *International Journal of Art Therapy, 23*(4), 156–168.

Haeyen, S., Chakhssi, F., & van Hooren, S. (2020). Benefits of art therapy in people diagnosed with personality disorders: A quantitative survey. *Frontiers in Psychology, 11*, 686.

Kandinsky, W. (2020). *Punkt und Linie zu Fläche* (14. Aufl.). Benteli.

Klein, M. (1946). *Bemerkungen über einige schizoide Mechanismen. Gesammelte Schriften 1946-1963* (Bd. III, S. 1–41). Frommann-Holzboog.

Kramer, M. (1995). *Klang & Skulptur. Der musikalische Aspekt im Werk von Joseph Beuys*. Jürgen Häusser.

Kreisman, J., & Straus, H. (2015). *Ich hasse dich – Verlass mich nicht. Die schwarzweiße Welt der Borderline-Persönlichkeit*. Kösel.

Kufus, T., & Veiel, A. (2017). *BEUYS, Deutschland 2017*. DOK.panorama.

Lamont, S., Brunero, S., & Sutton, D. (2009). Art psychotherapy in a consumer diagnosed with borderline personality disorder: A case study. *International Journal of Mental Health Nursing, 18*, 164–172.

Stanoeva, A. (2018). Bewegung. Verortung. Abgrenzung. Gruppendynamische Prozesse in der Kunsttherapie bei Menschen mit Borderline-Persönlichkeitsstörung. *Musik-, Tanz- und Kunsttherapie, 2018*(1), 72–94.

Stanoeva, A. (2022). The art is present? - Neue Kommunikationswege und Präsenz in Zeiten von COVID-19. *Kunst & Therapie, 2022*, 40–58.

Steiner, J. (1993). *Orte des seelischen Rückzugs. Pathologische Organisationen bei psychotischen, neurotischen und Borderline-Patienten*. Klett-Cotta.

Steiner, J. (2014). *Seelische Rückzugsorte verlassen. Therapeutische Schritte zur Aufgabe der Borderline-Position*. Klett-Cotta.

Weiß, H. (2009). *Das Labyrinth der Borderline-Kommunikation*. Klett-Cotta.

Eigenschaften und Parameter des therapeutischen Raums in der Kunsttherapie

3

Zusammenfassung

Das dritte Kapitel befasst sich mit den Veränderungen und Herausforderungen der kunsttherapeutischen Arbeit im klinischen Bereich, die im Zusammenhang mit der COVID-19-Pandemie entstanden. Diese Einschränkungen wurden als Anlass genommen, um theoretische Überlegungen über die Eigenschaften und Parameter des therapeutischen Raums anzustoßen und ggf. neu zu definieren. Hier werden zunächst Merkmale und Qualitäten des therapeutischen Raums beleuchtet sowie die unterschiedlichen Ebenen der nonverbalen Kommunikation in den Blick gerückt. Die Gestaltung des Raums wird von verschiedenen Ebenen beeinflusst, wobei die Kommunikation zwischen Therapeut*in und Patient*in einen zentralen Stellenwert einnimmt.

Anbei wird die mit der COVID-19-Pandemie erlebte Krisensituation im klinischen Kontext zum Anlass genommen, über den therapeutischen Raum in der Kunsttherapie nachzudenken und ihn neu zu definieren. Während der Pandemie war der therapeutische Raum in der Therapie als ein geschützter Rahmen auf vielen Ebenen beeinträchtigt. Dies stellte uns Kunsttherapeut*innen vor Fragen, die die Qualität unserer Arbeit unmittelbar betreffen: Wie können wir unsere Rolle als Kunsttherapeut*innen in der gegenwärtigen Situation definieren? Wie gestalten wir die Therapie, sodass sie trotz Herausforderungen einen geschützten Raum für die Patient*innen bieten kann?

Ausgehend von der Frage, auf welchen Ebenen des therapeutischen Raums sich die pandemiebedingten Regeln auswirken, werden zunächst Merkmale und Qualitäten des therapeutischen Raums beleuchtet sowie die unterschiedlichen Ebenen der nonverbalen Kommunikation in den Blick gerückt. Anschließend werden unter dem Aspekt der therapeutischen Präsenz Handlungsspielräume aufgezeigt, die dazu ermutigen sollen, neue Wege in der Gestaltung des Settings und in den kunsttherapeutischen Vorgehensweisen zu wagen.

A. Stanoeva, *Response Art*, https://doi.org/10.1007/978-3-658-47571-0_3

3.1 Ausgangssituation

Als wir das Jahr 2020 begrüßten, ahnte noch niemand, dass es uns vor so große Herausforderungen stellen würde, privat wie beruflich. Alle Lebensbereiche wurden durch COVID-19-Pandemie massiv eingeschränkt. Diese einschneidende Krise stellte auch die Kunsttherapie vor neue Herausforderungen, die Arbeit ins Digitale zu verlagern und trotz Distanz einen therapeutischen Raum online zu gestalten, der dennoch Sicherheit und Schutz für Klient*innen und Bilder bietet. Unabhängig von den sozialen und gesundheitlichen Folgen, die die Menschen erfuhren, sollte man das Potential der digitalen Medien nicht außer Acht lassen, sondern als Mittel für Kommunikation sehen.

Im klinischen Bereich mussten sowohl die Patient*innen als auch das Fachpersonal mit vielen Einschränkungen rechnen und sich an neue Regeln gewöhnen: strenge Hygienevorschriften, die zu Abstand und zum Tragen eines Mund-Nasen-Schutzes verpflichteten; die Abschaffung von stationsübergreifenden Angeboten und offenen Ateliers sowie die Auflösung der großen Gruppen sollten einer neuen Aufteilung Vorrang geben, um die Therapie zu ermöglichen. Seitdem zeigt die Kunsttherapie selbst in festen klinischen Strukturen viel Flexibilität, oft auch in Bezug auf Ort, Zeit oder angewandte Methoden. Die erlebte Krisensituation mit strengen Regeln warf zum einen neue Fragen zum Einsatz von Methoden und therapeutischen Vorgehensweisen auf, zum anderen forderte sie das Überdenken und Justieren des therapeutischen Raums (Stanoeva, 2022).

3.2 Der therapeutische Raum

Da uns die Krise mit COVID-19 vor die große Herausforderung stellte, den therapeutischen Raum neu zu definieren und in neuen Kontexten zu gestalten, liegt es nahe, sich zunächst dessen spezifische Merkmale zu vergegenwärtigen. Der Begriff „therapeutischer Raum" bezeichnet ein vielschichtiges und multidimensionales „Gebilde" im therapeutischen Kontext, das sich zunächst dadurch näher bestimmen lässt, dass es einen Rahmen des Settings definiert und einen geschützten Raum für die Patient*innen und ihre Geschichten bietet. Er könnte als ein Energiefeld beschrieben werden, das sich zwischen Therapeut*in und Patient*in aufbaut, und als eine Bühne dient, auf der Phänomene wie Übertragung und Gegenübertragung eine Rolle in der Beziehung spielen. Dieser „Raum dazwischen" ist schwer definierbar, aber meistens treibt er die Entwicklungsprozesse in der Therapie voran. Wie empfindlich und verletzlich der therapeutische Raum ist, zeigt sich unmittelbar, sobald die Therapie von außen unterbrochen wird oder außenstehende Personen in ihn eindringen: Die Patient*innen verschließen sich, werden leiser und verhalten sich distanzierter. Misstrauen entsteht. Schwer chronifizierte Menschen beispielsweise reagieren oft besonders sensibel auf Verletzungen des therapeutischen Raums mit wahnhafter Symptomatik. Die Gestaltung des therapeutischen Raums wird vom Zusammenspiel verschiedener Ebenen beeinflusst, wobei die Kommunikation, die während des kreativen Prozesses zwischen Therapeut*innen und Patient*innen stattfindet, einen zentralen Stellenwert einnimmt.

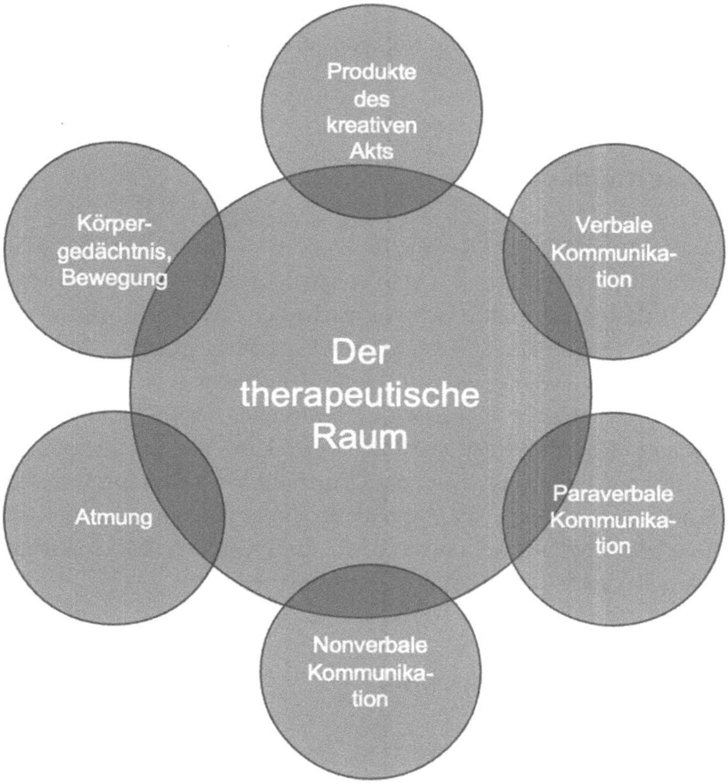

Abb. 3.1 Der therapeutische Raum

Hier wollen wir uns den therapeutischen Raum aus einer etwas anderen Perspektive anschauen. Betrachten wir das Zusammenspiel der unterschiedlichen Faktoren unter dem Aspekt der Kommunikation, können hier verschiedene Ebenen unterschieden werden (Abb. 3.1): So spielen in der Therapie sowohl die *verbale* (Sprache) als auch die *nonverbale* (Mimik, Gestik, Blickkontakt) und die *paraverbale Kommunikation* (Intonation, Laute, Pausen, Schweigen) eine wichtige Rolle. In der Interaktion wird unsere Wahrnehmung einerseits durch verschiedene Reize in der Umgebung angeregt, d. h., wir reagieren beispielsweise auf die Atmung, die Körperhaltung oder Stimme etc. einer Person, andererseits ist das, was wir wahrnehmen, ein Produkt unserer Erfahrungen und unseres Vorwissens. Da die Sensibilität für das, was wir mit unseren Sinnen wahrnehmen, zumeist leider nur wenig ausgeprägt ist, reduziert sich die Aufmerksamkeit vor allem auf das situativ Sichtbare im Raum, während alles Unsichtbare oder Unbekannte nicht wahrgenommen wird bzw. unterhalb der Wahrnehmungsschwelle bleibt.

Betrachten wir im Folgenden die unterschiedlichen Ebenen der Kommunikation, zeigt sich, welche entscheidende Rolle gerade die nonverbale Kommunikation in der therapeutischen Beziehung einnimmt.

3.2.1 Verbale Kommunikation

Die Sprache ist in der Psychotherapie die führende Kommunikation zwischen Patient*in und Therapeut*in. Es handelt sich um eine bewusste und relativ kontrollierte Ebene der Kommunikation, da die Menschen selbst entscheiden, was oder wieviel sie mitteilen möchten. Durch die verbale Sprache werden bewusste Prozesse angeregt, d. h., die Verarbeitung findet auf kognitiver Ebene statt. Da in der Pandemie das Tragen eines Mund-Nasen-Schutzes erforderlich war, waren die Worte eher verzerrt und gedämpft, sie erreichten den Raum nicht direkt und unmittelbar. Dies machte es schwierig, feine Unterschiede zu registrieren, *wie* etwas gesagt wird. Auch für Menschen mit Gehörlosigkeit, die auf das Lippenlesen angewiesen sind, war die Kommunikation enorm erschwert bis unmöglich. Die verbale Kommunikation war durch das Tragen von Masken nicht nur eingeschränkt, sondern oft auch mit Missverständnissen verbunden.

3.2.2 Nonverbale Kommunikation

Die nonverbale Kommunikation bezeichnet Thomas Fuchs (2003) als „Ausdruckskommunikation" und stellt heraus, dass sie eine gemeinsame Atmosphäre in der Beziehung zwischen Patient*in und Therapeut*in erzeugt und den „tragenden Grund" aller zwischenmenschlichen Beziehungen bildet: „Bindung und Lösung, Nähe und Distanz, Vertrauen und Misstrauen, Sicherheit und Angst – alle diese Beziehungsmuster werden durch die Ausdruckskommunikation geregelt." (Fuchs, 2003, S. 3). Psychische Störungen, so der Autor, basieren zum Großteil auf impliziten Wahrnehmungs- und Reaktionsbereitschaften, die unbewusst ablaufen und somit begrenzt steuerbar seien (ebd., S. 13). In der nonverbalen Kommunikation wird die nonvokale von der paraverbalen Kommunikation unterschieden – beide Ebenen regeln den Ablauf der Interaktion und sind ausschlaggebend für die daraus hervorgehenden Beziehungsmuster.

3.2.2.1 Nonverbale nonvokale Kommunikation

In der sozialen Interaktion und den zwischenmenschlichen Beziehungen ermöglicht die nonverbale Kommunikation eine unmittelbare Resonanz. Dabei beziehen wir uns auf das körperliche Ausdrucksverhalten unseres Gegenübers. Das kann beispielsweise ein Blickkontakt in den ersten Sekunden einer Begegnung sein, die Körperhaltung einer Person oder die Mimik und Gestik, die freundliche oder feindliche Absichten verraten. In der Bezugnahme aufeinander werden Körperempfindungen in uns ausgelöst, die, wie Fuchs (2003) herausstellt, meistens eine emotionale Qualität haben: „Ausdruck ist die Sprache der Gefühle und der Beziehung“ (ebd., S. 3), schreibt er und weist daraufhin, dass sich für viele Menschen mit psychischen Erkrankungen die Kommunikation vorrangig auf der nonverbalen Ebene abspielt. Durch das Tragen von Masken war aber diese massiv eingeschränkt. Da das Gesicht zeitlebens wichtigstes Medium der Kommunikation ist, fällt somit der Austausch zentraler Informationen weg, die durch Mimik und Gesichtsausdruck vermittelt werden. Wenn wir uns nur auf die Augen und die Stirn fokussieren können, ist das emotionale Erleben unseres Gegenübers nur sehr bedingt erkennbar.

3.2.2.2 Paraverbale Kommunikation

Zusätzlich spielt in der Therapie auch die paraverbale Ebene in der Kommunikation eine wichtige Rolle. Sie ist mit dem Sprechverhalten verbunden und wird auch als nonverbale vokale Kommunikation bezeichnet. Intonation und Sprachtempo, Lautstärke, Schweigen und Pausen dazwischen u. ä. regulieren hier die Ausdruckskommunikation. Auch diese Ebene war während der COVID-19-Krise durch das Tragen eines Mund-Nasen-Schutzes beeinträchtigt. Durch die Maske sind nicht nur das Atmen und Sprechen erschwert, sondern es kommt alles leiser, gedämpft und teils verzerrt beim Gegenüber an. Unterbrechungen wie Pausen und Schweigen wurden meistens in ihrer Signifikanz nicht eindeutig erkannt.

3.2.3 Atmung

Die Atmung gewinnt immer mehr an Bedeutung in den Therapien, was sich darin zeigt, dass vermehrt spezielle Atemtechniken zur Anwendung kommen, z. B. um die Aufmerksamkeit bewusst auf das Hier und Jetzt zu lenken. Ebenso wird unserer Atmung eine wichtige Rolle bei der Innen- und Außenwahrnehmung des Körpers zugeschrieben: „Breathing is a constant reminder that we have an inside and an outside. Our bodies are containers.“ (Meekums, 2002, S. 58). Hier kann sich die limitierte Atmung durch das Tragen von Mundschutz zum einen auf die Wahrnehmung der Körpergrenze auswirken und somit die Fähigkeiten der Selbst- und Fremdwahrnehmung beeinträchtigen. Zum anderen kann es durch Sauerstoffmangel zu einer Beeinträchtigung der kognitiven Fähigkeiten und des Reaktionsvermögens kommen. Neben den Auswirkungen, die das Tragen von Masken in der interpersonalen Interaktion hat, sind somit auch die zu beachten, die den Träger bzw. die Trägerin einer Maske selbst betreffen und ebenfalls die Kommunikation beeinflussen.

Ulrike Butz (2005) untersuchte die Auswirkung verstärkter Rückatmung von CO_2 bei der Anwendung des chirurgischen Mund-Nasen-Schutzes durch Fachpersonal. Ihre Messungen konnten einen signifikanten Anstieg der CO_2-Konzentration im Blut der Probanden nachweisen, der in einen engen Zusammenhang mit Einschränkungen der kognitiven Fähigkeiten gebracht wird. Die Erwartungen aus wissenschaftlicher Sicht sind, dass die individuelle Beeinträchtigung umso stärker ist, je mehr Faktoren wie Alter, Vorerkrankungen, Rauchen, intensive körperliche Arbeit sowie psychische Anspannung eine Rolle spielen. Nicht zuletzt sind auch die Dauer des Tragens und Art der Auflegung (eng oder locker) des Mund-Nasen-Schutzes für die Intensität der Einschränkungen von wesentlicher Bedeutung (Butz, 2005).

Andere Autoren (Noble et al., 1993) untersuchten ebenfalls die kognitive Leistung unter moderatem Sauerstoffmangel im Blut und berichteten von einer Abnahme psychomotorischer Fähigkeiten, einer Steigerung der Reaktionszeit und einer eingeschränkten kognitiven Leistungsfähigkeit. Eine Studie der Universität Leipzig im Kontext der COVID-19-Krise (Fikenzer et al., 2020) belegt signifikante Einschränkungen der körperlichen Belastbarkeit von gesunden Menschen. Fikenzer et al. berichteten, dass FFP2/N95-Masken die Atmung und den Stoffwechsel der Testpersonen beeinträchtigen, da eine schnellere Ansäuerung des Blutes bei Anstrengung registriert wurde. Wie sich die CO_2-Rückatmung und der Sauerstoffmangel im Blut langfristig auf unsere Gesundheit auswirken werden, bedarf weiterer Studien. Zusammengefasst zeigen die bisher vorliegenden Ergebnisse, dass das Tragen der Masken zu einer Abnahme der Aufmerksamkeit, zu Einschränkungen in der Orientierung sowie der Konzentrations- und Leistungsfähigkeit führt und zudem Schwindelgefühle entstehen können, die in Zusammenhang mit einer erschwerten räumlichen Wahrnehmung gestellt werden.

3.2.4 Körpergedächtnis, Körperempfindungen und Bewegung im Raum

Sowohl in der Patient*in-Therapeut*in-Beziehung als auch hinsichtlich der Veränderung, die in der Therapie angestrebt wird, kommt der leiblichen Kommunikation eine wichtige Rolle zu. Insbesondere wurde der Zusammenhang zwischen Gefühl und leiblichem Ausdruck untersucht und in seiner Bedeutung für das Interaktionsgeschehen im therapeutischen Kontext herausgestellt (Fuchs, 2003, 2012; Koch, 2014, 2017a, b). Auch Daniel Stern (1998, S. 148) sah die Gefühle in der primären leiblichen Kommunikation eingebettet. Speziell die Körperbewegung und das Körpergedächtnis spielen in einigen kreativen Therapien eine zentrale Rolle. Koch et al. (2014, S. 281) beschreiben das Körpergedächtnis als „a dynamic phenomenon, which essentially mediates our pre-reflective self-awareness and contributes to shape our interaction with the world and with others". Diesen Zusammenhang zwischen Körpergedächtnis und Selbsterleben greift Thomas Fuchs (2012, S. 20) an anderer Stelle auf und verweist auf die Spuren vergangener Erfahrungen, die im Körpergedächtnis gespeichert sind und als unsichtbare Dispositionen dazu beitragen, auf welche Weise wir unsere Interaktion mit der Welt und uns selbst gestalten: „… the body is not just a structure of limbs and organs, nor merely a realm of sensations and movements. It is also a historically formed body whose experiences have left their traces in its invisible dispositions." Unser Körper definiert und löst Grenzen auf, teilt den Raum in „eigen" und „fremd". Da Fuchs (2012) zufolge Körper und Geist wechselseitig aufeinander wirken und somit eine Einheit bilden, ist der „Körper mit allen seinen Sinnen und Gliedern der eigentliche ‚Spieler im Feld' …" (ebd., S. 184). Somit erscheint unsere Körperbewegung als eine primäre nonverbale und zusätzliche Kommunikationsebene zwischen Therapeut*innen und Patient*innen (Stanoeva, 2020a, 2020b). In ihrem Modell der verkörperten Ästhetik stellt Sabine Koch (Koch, 2017a, S. 87–89, 2017b, S. 46) die Bewegung bidirektional dar: Zum einen verursacht unsere Wahrnehmung der Umgebung eine innere Bewegung in uns, ein „unmittelbares Körperfeedback" (Koch, 2014), zum anderen ist sie die aktive Handlung einer Person, die als ein Kreativakt in der Therapie zum Ausdruck kommen kann. Die innere Bewegung als Phänomen hatte bereits in der Psychoanalyse eine wichtige Bedeutung: Während die Bewegung zu einem Rückzugsort als Stagnation des therapeutischen Prozesses gesehen wurde, stellte diese aus dem Rückzugsort heraus eine Möglichkeit für psychische Entwicklung und Veränderung dar (Steiner, 1993, S. 30–34, 2014, S. 123). John Steiner zufolge spricht die dynamische Qualität für sinnvolle Fortschritte in der Therapie, da er in der Bewegung ein Veränderungspotential sieht (ebd.).

3.2.5 Produkte des kreativen Akts: Bilder, Objekte, Installationen u. a.

Die Kommunikation auf der Bildebene hat in der Kunsttherapie eine essenzielle Bedeutung. Bilder und Objekte, die im therapeutischen Prozess entstehen, betrachten wir als eine Kommunikationsfläche, die den Austausch zwischen Therapeut*in und Patient*in erweitert. Diese „Produkte" der kreativen Schöpfung bieten uns einen tieferen Einblick in die Innenwelt und ein besseres Verständnis für das emotionale Geschehen der Menschen. Dadurch fungieren sie meistens als Vermittler zwischen bewussten und unbewussten Prozessen sowie zwischen innerer und äußerer Wirklichkeit. Nicht zuletzt werden sie als ein Teil der Person empfunden und assoziiert, weshalb sie auch Objekt der Zerstörung im therapeutischen Prozess sein können (Stanoeva, 2018). Zusätzlich spielen auch andere Ebenen eine Rolle im kreativen Prozess, z. B. wenn Körperbewegung, Atmung u. a. im Entstehungsprozess der Arbeiten führend sind.

In der Situation, bestimmt durch die COVID-19-Krise, waren viele der Kommunikationsebenen begrenzt. Ein Großteil der Persönlichkeit blieb hinter der Gesichtsmaske versteckt, da wir eine Person vor allem am Gesicht identifizieren und die Gefühle unseres Gegenübers am Minenspiel „ablesen". In der digitalen Kunsttherapie ist zwar unser Gesicht sichtbar, doch da hier die Kommunikation im virtuellen Raum stattfindet, baut sich räumlich eine gewisse Distanz für das emotionale Geschehen auf. Wie können wir unter den Bedingungen der digitalen Kommunikation oder den Einschränkungen, die mit dem Tragen des Mund-Nasen-Schutzes verbunden sind, als Personen füreinander sichtbar werden und kommunizieren? – Im therapeutischen Raum gewinnt hier die Präsenz des Bildes eine besondere Bedeutung, denn als Medium für die Repräsentation des Ichs erlaubt das Bild Selbstausdruck und Kommunikation gerade auch dann, wenn die Interaktion nur eingeschränkt möglich ist: Es dient dazu, positive und negative Emotionen sowie Ängste zum Ausdruck zu bringen. Zusätzlich fördert es die Verbindung mit den anderen im Raum oder mit der Innenwelt. Meiner Erfahrung nach wird der Großteil der Energie gegenwärtig auf die kreative Arbeit gelenkt, sodass das Bild umso aussagekräftiger und authentischer im kunsttherapeutischen Setting erscheint und einen zentralen Platz in der Kommunikation einnimmt.

3.3 Zusammenfassung

Wie jede andere Lebenskrise aktivierte die globale Krise mit COVID-19 alte seelische Verletzungen in uns. Sie brachte die Menschen an ihre Grenzen oder stellte sie vor erlernte Verhaltensmuster. Als von außen einwirkende Krise berührte sie die je individuellen wunden Punkte und versetzte uns in Situationen zurück, in denen wir Schwäche und Ohnmacht erlebt haben. Und je unsicherer die Zukunft erscheint, desto intensiver werden Urängste und Urerfahrungen geweckt. Unser kulturelles Gedächtnis ist angefüllt mit universalen Urbildern (Archetypen), die uns miteinander verbinden (Holm-Hadulla, 2011). Kommen, wie in der Zeit der Isolation und Unsicherheit, menschliche Grundbedürfnisse wie beispielsweise nach Zugehörigkeit oder nach Kontrolle zu kurz, kann dies Urängste aktivieren, die sich u. a. zeigen als Verlustangst, als Angst zu vereinsamen und vergessen zu werden, als Angst zu erkranken oder als Angst, die Kontrolle zu verlieren. Die Menschheit kennt Ungleichgewichte in der Natur und bemühte sich immer wieder, diesen mit schöpferischem Geist und Kreativität zu begegnen. Angesichts der gemeinsamen kulturellen Bilder und Urerfahrungen werden wir uns vielleicht gewahr, dass wir alle winzige Teile eines Ganzen, des Kosmischen, sind (Stanoeva, 2016, S. 63). Wenig überraschend in diesem Zusammenhang ist der Wunsch zahlreicher Patient*innen nach Rettung durch Spiritualität. Das Archetypische erscheint u. a. in den Bildern des immer wiederkehrenden Motivs der Arche Noah.

In Zeiten, die geprägt sind von Herausforderungen in allen Lebensbereichen, hat auch die Kunsttherapie die Aufgabe, sich neu zu erfinden: Um die Klient*innen zu erreichen und die Gemeinschaft zu stärken, gilt es, neue Räume und Wege zu erschaffen und dabei auf neue Methoden zuzugreifen sowie neue Formen des Settings zu entwickeln. Mit Flexibilität und Achtsamkeit sollte dies gelingen, sodass durch die kunsttherapeutische Arbeit Hoffnung und Optimismus in den Menschen geweckt werden, um Krisen bewältigen zu können.

Literatur

Butz, U. (2005). *Rückatmung von Kohlendioxid bei Verwendung von Operationsmasken als hygienischer Mundschutz an medizinischem Fachpersonal.* Dissertation. Institut für Anästhesiologie der Technischen Universität München, Klinikum rechts der Isar.

Fikenzer, S., Uhe, T., Lavall, D., Rudolph, U., Falz, R., Busse, M., Hepp, P., & Laufs, U. (2020). Effects of surgical and FFP2/N95 face masks on cardiopulmonary exercise capacity. *Clinical Research in Cardiology, 109*, 1522–1530. https://doi.org/10.1007/s00392-020-01704-y

Fuchs, T. (2003). *Non-verbale Kommunikation: Phänomenologische, entwicklungspsychologische und therapeutische Aspekte*. https://www.researchgate.net/publication/255656142_Nonverbale_Kom-munikation_Phanomenologische_entwicklungspsychologische_und_therapeutische_Aspekte. Zugegriffen am 03.11.2021.

Fuchs, T. (2012). The phenomenology of body memory. In S. C. Koch, T. Fuchs, M. Summa, & C. Müller (Hrsg.), *Body memory, metaphor and movement* (S. 9–22). John Benjamins Publishing Company.

Holm-Hadulla, R. M. (2011). *Kreativität zwischen Schöpfung und Zerstörung*. Vandenhoeck & Ruprecht.

Koch, S. C. (2014). Rhythm is it: Effects of dynamic body feedback on affect and attitudes. *Frontiers in Psychology, 5*, 537. https://doi.org/10.3389/fpsyg.2014.00537

Koch, S. C. (2017a). Arts and health. Active factors and a therapy framework of embodied aesthetics. *The Arts in Psychotherapy, 54*, 85–91.

Koch, S. C. (2017b). Was hilft, was wirkt? Wirksamkeit und Wirkfaktoren der Tanz- und Bewegungstherapie. *Zeitschrift für Sportpsychologie, 24*(2), 40–53. https://doi.org/10.1026/1612-5010/a000191

Koch, S., Fuchs, T., & Summa, M. (2014). Body memory and kinesthetic body feedback: The impact of light versus strong movement qualities on affect and cognition. *Memory Studies, 7*(3), 272–284. https://doi.org/10.1177/1750698014530618

Meekums, B. (2002). *Dance movement therapy. A creative psychotherapeutic approach*. SAGE. Print ISBN:9780761957676OnlineISBN:9781446217986.https://doi.org/10.4135/9781446217986.n3

Noble, J., Jones, J. G., & Davis, E. J. (1993). Cognitive function during moderate hypoxaemia. *Anaesthesia and Intensive Care, 21*(2), 180–184.

Stanoeva, A. (2016). Bunte Lebensspuren: Kunsttherapeutische PapierMosaik Methode. *Kunst & Therapie, 2016*(1), 56–63.

Stanoeva, A. (2018). Bewegung. Verortung. Abgrenzung. Gruppendynamische Prozesse in der Kunsttherapie bei Menschen mit Borderline-Persönlichkeitsstörung. *Musik-, Tanz- und Kunsttherapie, 2018*(1), 72–94.

Stanoeva, A. (2020a). COVID-19: How to move at a standstill. *Polyphony*. http://polyphony.iacat.me/covid-19-how-to-move-at-a-standstill. Zugegriffen am 03.11.2021.

Stanoeva, A. (2020b). The Safe Place: Kunsträume zwischen Fantasie und Wirklichkeit. KreativtherapieTage 2019, Tagungsband: *Tapetenwechsel – Innere und äußere Räume der Künstlerischen Therapien* (S. 59-66). LVR-Klinik.

Stanoeva, A. (2022). The art is present? – Neue Kommunikationswege und Präsenz in Zeiten von COVID-19. *Kunst & Therapie, 2022*, 40–58.

Steiner, J. (1993). *Orte des seelischen Rückzugs. Pathologische Organisationen bei psychotischen, neurotischen und Borderline-Patienten*. Klett-Cotta.

Steiner, J. (2014). *Seelische Rückzugsorte verlassen. Therapeutische Schritte zur Aufgabe der Borderline-Position*. Klett-Cotta Verlag.

Stern, D. N. (1998). *Die Lebenserfahrungen des Säuglings* (6. Aufl.). Klett-Cotta.

4 Die therapeutische Präsenz als Potential für Entwicklung und Veränderung in der Kunsttherapie

Zusammenfassung

Die therapeutische Präsenz ist ein viel diskutiertes Thema in der Kunsttherapie, bei dem die Meinungen oft weit auseinandergehen. Die aktive kreative Beteiligung von Kunsttherapeut*innen als ein Aspekt ihrer therapeutischen Präsenz hat einen spürbaren Einfluss auf den gesamten therapeutischen Prozess. Sie wirkt sich auf die folgenden drei Bereichen positiv aus: Therapeutische Beziehung, Gruppendynamik und Gestaltungsprozess. Zusätzlich haben die geteilten kreativen Erfahrungen eine positive Wirkung auf die Kunsttherapeut*innen selbst, indem ihre Psychohygiene und Selbstfürsorge unterstützt werden.

Die therapeutische Präsenz ist ein viel diskutiertes Thema in der Kunsttherapie, bei dem die Meinungen oft weit auseinandergehen. Noch vor 20 Jahren war die Ansicht verbreitet, Kunsttherapeutinnen und Kunsttherapeuten sollten sich im Prozess möglichst zurückhalten und die Prozesse beobachten. Natürlich ist die Beobachter*innenrolle relevant und eng mit der Forschung verbunden, allerdings ist diese nicht die einzige Rolle der Kunsttherapeut*innen. Wir sind nicht nur Beobachtende, sondern aktiv Mitgestaltende der therapeutischen Prozesse, indem wir verschiedene Haltungen annehmen können. Manchmal scheint unsere Funktion vielleicht etwas passiv: Halten, Tragen, Aufnehmen, Schützen. Nicht selten ist unsere Funktion eher aktiv: Motivieren, Inspirieren, Bewegen, Veränderung anstoßen etc. Das therapeutische *Handeln* oder *Nichthandeln* hat immer eine Wirkung im therapeutischen Raum. Sich dies in der Praxis bewusst zu werden, ist wohl die größte Kunst der Antwort in der Kunsttherapie.

A. Stanoeva, *Response Art*, https://doi.org/10.1007/978-3-658-47571-0_4

Seit der COVID-19-Pandemie beobachten wir ein großes Wachstum neuer Medien und digitaler Präsenz der Kunsttherapie in sozialen Medien. Auf der Suche nach Wegen, die Menschen zu erreichen und den Beruf zu popularisieren, treten immer mehr junge Kunsttherapeut*innen durch Plattformen wie Instagram, Facebook u. a. auf. So stellt sich für mich die Frage, welche neuen Rollen und Funktionen auf die Kunsttherapeut*innen zukommen? Welche Bedeutung hat die therapeutische Präsenz aktuell und was müssen wir beachten, um sie weiterhin aufrechtzuerhalten?

4.1 Theoretische Grundlagen

Unsere grundlegende Aufgabe als Therapeut*innen ist es, in einen Dialog mit den Klient*innen treten zu können, ob verbal oder nonverbal. In den therapeutischen Spiegelprozessen werden wir oft zu einer Projektionsfläche für unser Gegenüber, d. h.; der Patient bzw. die Patientin projiziert etwas auf uns, was er oder sie selbst innerlich nicht lösen oder ertragen kann (Steiner, 2014). Unser Gegenüber braucht also eine Antwort. In der Psychoanalyse stellte Wilfred Bion die Behauptung auf, der Analytiker müsse etwas für den Patienten innerlich „verdauen" und umwandeln, um es ihm dann gewissermaßen verändert zurückzugeben.

Das Potential und die Wirkfaktoren der Kunsttherapie für ihre Etablierung als ein eigenständiges Therapieverfahren sind stark mit der Vernetzung mit theoretischen Paradigmen und neueren Therapieansätzen verwoben. Hier gilt es nicht nur unsere Werkzeuge zu erweitern, sondern uns mit mehr Sensitivität für die psychodynamischen Prozesse zu öffnen. Im Folgenden werden wir uns einige grundlegende Prinzipien der psychotherapeutischen Tradition sowie ihre praktische Anwendung für die Kunsttherapie anschauen.

4.1.1 Übertragung und Gegenübertragung in der Therapie

Die Geschichte der Psychoanalyse ist eng mit dem Erscheinen der Phänomene *Übertragung* und *Gegenübertragung* verbunden (Körner, 2018). Dabei sei darauf hingewiesen, dass die erste Generation von Analytikern, darunter auch Freud, zunächst überrascht und sogar erschrocken über das Auftauchen intensiver Fantasien und Wünsche bei Patient*innen war, die sich an ihre Therapeuten richteten (ebd.). Nicht wenige von ihnen ließen sich, wie Krutzenbichler und Essers (2010) betonen, sogar auf Liebesaffären mit Patientinnen ein.

Unter Übertragung verstanden die Analytiker den Prozess, in dem alte Erfahrungen in zwischenmenschlichen Beziehungen und Bindungen, alte Gefühle, Erwartungen, Fantasien, Wünsche und Ängste in aktuellen Beziehungen reaktiviert werden. Die Angst vor der Übertragung, genauer gesagt vor dem Auftreten intensiver und schwer kontrollierbarer emotionaler Reaktionen auf die Übertragung, sowie die Reaktionen der Therapeuten machten das Konzept der Gegenübertragung notwendig (Körner, 2018; Freud, 1910). Lange Zeit war die

Entwicklung der Psychoanalyse von extremer Zurückhaltung der Analytiker geprägt. Die Aufforderung auf strikte Abstinenz stand im Vordergrund, meistens bedingt durch Angst, sich auf Liebesbeziehungen mit Patientinnen einzulassen. Infolgedessen wurden die Analytiker im therapeutischen Prozess als kalt, distanziert und unzugänglich wahrgenommen.

Allmählich setzte sich das Konzept durch, die Gegenübertragung als Instrument zur Erfassung und Erforschung der Prozesse zu nutzen. Auf diese Weise wurde die Übertragung nicht mehr als „Fehler" im Prozess interpretiert, sondern bewusst in der Interaktion zwischen Patient*innen und Therapeut*innen eingesetzt (König, 1982).

Die von Sigmund Freud eingeführten Begriffe *Übertragung* und *Gegenübertragung* (Breuer & Freud, 2011) sind zentral in der Tradition der Psychoanalyse, werden aber in der Kunsttherapie nur selten bewusst angeschaut oder zielgerichtet als Instrumente eingesetzt. Sie finden in kunsttherapeutischen Kontexten meist in der Supervision von Kunsttherapeut*innen Anwendung, zur Analyse und Reflexion von Material aus ihrer Arbeit (Fish, 2012; Havsteen-Franklin, 2014). Der Einsatz künstlerischer Methoden und Werkzeuge zur Anregung von Assoziationen und zur Verdeutlichung von Übertragung und Gegenübertragung gewinnt in den psychodynamischen Therapieansätzen zunehmend an Bedeutung (Havsteen-Franklin & Camarena Altamirano, 2015).

4.1.2 Spiegelneuronen

Die Spiegelneuronen sind prämotorische Neuronen, die sowohl aktiviert werden, wenn eine Handlung ausgeführt wird, als auch, wenn ihre Ausführung nur beobachtet wird (Gallese, 2009; Gallese et al., 1996; Rizzolatti & Sinigaglia, 2008). Die Beobachtung der Handlung veranlasst die Beobachtenden, automatisch denselben neuronalen Mechanismus zu aktivieren, der durch die Ausführung der Handlung ausgelöst wird, d. h., das Neuron „spiegelt" die Handlung des bzw. der anderen (Gallese, 2005, 2009). Das Progressive an dieser Forschung war die Tatsache, dass erstmalig die Identifizierung von neuronalen Mechanismen möglich war, die die direkte Zuordnung zwischen der visuellen Beschreibung einer motorischen Handlung und ihrer Ausführung zulassen (Gallese, 2009).

Andere Mechanismen der Spiegelung beziehen sich auf unsere Fähigkeit, Emotionen mit anderen Menschen zu teilen (Gallese, 2005, 2009). Ähnliche Mechanismen sind bereits bei der Wahrnehmung von Schmerz und Berührung nachgewiesen worden (Hutchison et al., 1999; Ebisch et al., 2008; Keysers et al., 2004). Vittorio Gallese (2005, 2009) geht davon aus, dass unsere Fähigkeit, uns in andere einzufühlen, durch die Aktivierung der gleichen neuronalen Schaltkreise vermittelt wird, die auch unseren eigenen emotionalen und sensorischen Erfahrungen zugrunde liegen. Aus der Perspektive dieser Studien sollte Empathie als das Ergebnis unserer natürlichen Tendenz gesehen werden, zwischenmenschliche Beziehungen auf der impliziten Ebene zu erleben und mit der Außenwelt in Resonanz zu treten (Gallese, 2009, S. 524–526). Jüngste Forschungsergebnisse deuten darauf hin, dass diese

Mechanismen bei Menschen, die an verschiedenen psychischen Störungen leiden oder ein Trauma erlebt haben, mangelhaft oder beeinträchtigt sein können.

In ihrem Buch *Zum Problem der Einfühlung* (1917/2008) erklärt Edith Stein, dass sich das Konzept der Empathie nicht auf das Verstehen der Gefühle anderer beschränkt. Die Verbindung zwischen Handlung und Einfühlung sei grundlegend und beruhe auf der Wertschätzung der Ähnlichkeit und (Mit-)Erfahrung der Handlung.

Die Auffassung des Philosophen Maurice Merleau-Ponty (1945/1962) von der Wahrnehmung als zentralem Prozess des menschlichen kognitiven Systems ist in seiner *Phänomenologie der Wahrnehmung* verankert. Merleau-Ponty postulierte die Theorie der *verkörperten Subjektivität*, die die zentrale Bedeutung des Körpers für die menschliche Erfahrung hervorhebt.

Als wichtiger Schritt in der psychologischen Entwicklung, wie Bion, Lacan und Winnicott (Bion, 1962; Lacan, 1973; Winnicott, 1971) betonen, könnte das Spiegeln die Verbindung zwischen dem Innenleben und der Außenwelt fördern. Es könnte die Erfahrung der Ganzheit des Körpers ermöglichen, im Gegensatz zu einem Gefühl der Fragmentierung (Lacan, 1973). Laut Lacan steht in engem Zusammenhang mit der Überwindung der *symbiotischen Phase* (vgl. Mahler) und der *depressiven Phase* (vgl. Klein) ein Entwicklungsstadium, in dem sich eine neue psychische Struktur ausbildet, das er als *Stadium des Spiegelbildes* bezeichnet (Lacan, 1973, S. 61–70). Das Kind erkennt sich zum ersten Mal im Spiegel und sieht dabei seinen ganzen Körper, der vorher als einzelne Teile erlebt wurde. „Bis zu diesem Zeitpunkt kann das Kind nicht zwischen sich selbst und seiner Umgebung unterscheiden, weil es noch keine Vorstellung von sich selbst und damit auch keine Vorstellung vom anderen hat." (Perner, o. J.).

Auch Donald Winnicott (1971) unterstrich die wichtige Rolle des Spiegelbildes in der Mutter-Kind-Beziehung für den emotionalen Ausdruck. Dieses Konzept wurde in der Psychotherapie weiterentwickelt und entsprechend auf die Beziehung zwischen Patient*in und Therapeut*in angewandt. Wie Dammann (2013, S. 76) schrieb, „stellt der Therapeut neben seinem Verständnis sein kohärentes Selbst zur Verfügung dem fragmentierten Selbst des Patienten gegenüber." Aus dieser Perspektive wird eine enge Verbindung zwischen der Funktion des Spiegelns und der mütterlichen Funktion in der Beziehung angenommen (ebd.).

Das Spiegeln ist ein wichtiges Phänomen in der therapeutischen Arbeit, das auch in der Kunsttherapie beschrieben wurde, insbesondere bei der Entwicklung der Beziehung zwischen Klient*innen und Therapeut*innen (Kläui, 2013; Peciccia, 2013; Stott, 2018). Mit der Entwicklung der *progressiven Spiegelbildmethode* fand das Konzept der Spiegelneuronen einen konkreten Ausdruck im kunsttherapeutischen Prozess (Benedetti & Peciccia, 1994; Peciccia & Benedetti, 1998; Peciccia, 2013). Um seine Theorie zu untermauern, bezieht sich Maurizio Peciccia auf die aktuellen Erkenntnisse über das Spiegelneuronensystem (Bauer & Amitai, 2013; Sosic-Vasic et al., 2019).

4.1.3 Containment

Wie bereits bekannt, untersuchte Melanie Klein den Prozess der Projektion intensiver negativer Gefühle auf ein Objekt (Klein, 1946). In diesem Zusammenhang bezeichnete sie die *projektive Identifikation* als Abwehrmechanismus und als primitive Kommunikation. Auf diese Weise wird die Psyche von der intensiven Erfahrung der Angst und Spannung entlastet. Melanie Klein verwendet in diesem Zusammenhang den Begriff „to contain", den Wilfred Bion (1962) aufgriff und zum Konzept von *Containment* weiterentwickelte. Demnach ist die Mutter ein *Container* und kann die projizierten Emotionen des Kindes aufnehmen, transformieren und entsprechend darauf reagieren (Bion, 1990, S. 26–27, 146).

In der kunsttherapeutischen Triade wird die Beziehung zwischen Klient*in und Therapeut*in durch die Präsenz der bildnerischen Ebene erweitert. Auf diese Weise findet Bions Begriff „Container" einen direkten konzeptionellen Ausdruck in einem Bild oder Objekt, das als Sammelstelle dienen und dadurch helfen könnte, Affekte in sich aufzunehmen. Bions Modell verwendet den Spiegelungsprozess der Mutter als Prototyp für die Verinnerlichung der Erfahrungen des Selbst und die Fähigkeit, über diese Erfahrungen zu reflektieren (Bion, 1990).

Die Beziehung zwischen dem Künstler bzw. der Künstlerin und dem geschaffenen Werk findet im kreativen Prozess ganz natürlich statt. Im therapeutischen Prozess ist sie jedoch oft gestört: Ziel des kunsttherapeutischen Prozesses ist es, eine Verbindung zwischen bewussten und unbewussten Inhalten und der Selbstreflexion herzustellen. Der Affekt wird z. B. auf das Bild übertragen, aber in der umgekehrten Richtung reflektiert, kann der mentale Zustand der Patient*innen die emotionale Aufladung nicht aushalten. Dies führt oft zur Zerstörung des Objekts oder des Bildes (Stanoeva, 2018). In anderen Fällen sind die Patient*innen so antriebslos und apathisch, dass sie sich nicht mit künstlerischen Mitteln ausdrücken können. In solchen Fällen könnte der Therapeut bzw. die Therapeutin die eigene Wahrnehmung nutzen, um den emotionalen Zustand der Patient*innen auszudrücken. Die Bilder der Therapeut*innen können zwar symbolisches Material enthalten, sie sind aber in der Regel so vielschichtig, dass sie verschiedene Interpretationen ermöglichen, ohne den Anschein einer persönlichen Botschaft zu erwecken. Daher kann die aktive Teilnahme des Therapeuten bzw. der Therapeutin mittels der künstlerischen Reaktionen dazu beitragen, dem Affekt Form zu geben und die Selbstregulation zu unterstützen, indem diese die Erfahrungen der Patient*innen genau widerspiegeln.

4.1.4 Theorie der Mentalisierung

Das Konzept der *Mentalisierung* besteht sowohl aus selbstreflexiven als auch aus interpersonellen Komponenten (Schultz-Venrath, 2011, S. 114). Es basiert auf der Fähigkeit, sowohl andere zu beobachten als auch über deren mentale Zustände, die sog. *Mental States,* reflektieren zu können (Fonagy et al., 2004, 2005). Laut Fonagy und Luyten (2009) betrifft Mentalisieren sowohl Gefühle als auch Kognitionen.

Mentalisierung in den zwischenmenschlichen Beziehungen ist der Akt der Verknüpfung von mentalen Zuständen mit relevanten Verhaltensweisen durch einen explorativen Prozess, der auch ein gewisses Maß an Fantasie beinhaltet. Sie erfolgt automatisch und implizit im Alltag und kann im Laufe des Lebens entwickelt werden. Bei Menschen mit psychischen Erkrankungen werden häufig Defizite im Mentalisieren festgestellt, die als Ursache für das Auftreten, die Zunahme oder die Aufrechterhaltung vieler Symptome angesehen werden (Havsteen-Franklin und Camarena Altamirano, 2015, S. 59).

Angesichts der Eigenschaften des kreativen Prozesses und seines besonderen Beitrags zur Klärung der Beziehungsdynamik halten Havsteen-Franklin und Camarena Altamirano (2015) die Kunsttherapie für einen wirksamen Ansatz in Fällen, in denen das Mentalisieren stark beeinträchtigt ist. Ihnen zufolge könnte die Schaffung von Bildern in der Kunsttherapie den Mentalisierungsprozess im klinischen Kontext erleichtern (ebd.). „Responsive art making", so Havstin-Franklin und Camarena Altamirano (2015, S. 54), „is an attuned visual response to the experience of being in the room with the patient, usually conducted while the patient is making a visual image." Neben der verbalen Kommunikation oder dem Verhalten des Gegenübers werden kreative Mittel eingesetzt, um die mit dem verbalen Ausdruck einhergehenden Emotionen zu reflektieren. So erklären Havstin-Franklin und Camarena Altamirano (2015, S. 58) weiter, „the active engagement of the therapist through the art response has the potential to alter the level of affect through form and gesture that accurately mirrors the patient experience." Visuelle Bilder sind der verbalen Kommunikation nicht untergeordnet, erklären sie , diese können ein wichtiger Bestandteil der Kommunikation sein, besonders bei schweren psychischen Erkrankungen.

4.1.5 Das repressive und das resonante Modell des Unbewussten

Die vorherrschende Idee in der Psychoanalyse war lange Zeit das Verständnis, auf der Suche nach dem Primären und Ursprünglicheren von der Oberfläche zur Tiefe vorzugehen (Gödde & Buchholz, 2011). Eine Vorstellung für das vertikale Unbewusste liegt bei Freud seiner Triebtheorie, Abwehrlehre und dem Konzept vom Über-Ich zugrunde. In den Schriften von C. G. Jung beispielsweise äußert sich dieses eher in dem kollektiven Unbewussten. Neuere analytische Ansichten dagegen vertreten die Meinung, dass wir in der Begegnung mit den anderen, uns in einem interaktiven Feld, einem sozialen Resonanzraum, befinden, in dem sich einiges abspielt. So ist von einer horizontalen Dimension des resonanten Unbewussten die Rede: „Der Analytiker sollte sein empfangenes Unbewusstes auf das Unbewusste des Patienten einstellen, auf dessen *freie Assoziation* seinerseits mit *gleichschwebender Aufmerksamkeit* antworten." (Gödde & Buchholz, 2011, S. 76). Die Resonanz zwischen Therapeut*in und Patient*in gewinnt immer mehr an Bedeutung, wobei der Fokus nicht allein auf der genauen Beobachtung liegt, sondern auf der sog. gleichschwebenden Aufmerksamkeit (Gödde & Buchholz, 2011; Watzel, 2018). In den therapeutischen Antworten, so die Autoren weiter, zeige sich die Kunstfertigkeit im professionellen Umgang mit komplexen Details. Die oben beschriebenen Konzepte der Mentalisierung und der Spiegelneuronen untermauern das Verständnis von einer horizontalen Dimension des Unbewussten. Im Rahmen meiner Masterarbeit stellte ich ebenfalls fest, dass eine positive Verbindung der Gruppe erst dann möglich war, wenn sie in der horizontalen Richtung erfolgte (Stanoeva, 2018). Sowohl in den psychodynamischen Therapieansätzen als auch in der Kunsttherapie spielt das Unbewusste eine signifikante Rolle. Die teilnehmende Beobachtung in den Prozessen sowie die Sensibilisierung für unbewusste Vorgänge in der therapeutischen Beziehung und Kommunikation mit den Patient*innen haben einen großen Stellenwert in der Kunsttherapie (Dannecker, 2020).

4.2 Aktive Vorbereitung der therapeutischen Präsenz

Basierend auf semistrukturierten Interviews führten Schwarz et al. (2018) eine Forschungsarbeit mit 14 Kunsttherapeutinnen durch. Die Teilnehmerinnen waren im Alter zwischen 36 und 63 Jahren und hatten eine Berufserfahrung zwischen 7 und 30 Jahren. Unter dem Begriff „therapeutische Präsenz“ verstehen die Autor*innen dieser Studie das Zusammenspiel von aktiver Aufmerksamkeit (auf das Eigene und das Fremde) sowie Offenheit und Flexibilität der Therapeutinnen in Bezug auf das Setting. Sie sehen die Entstehung von therapeutischer Präsenz nicht als selbstverständlich an, sondern als einen Prozess, der eine bewusste und aktive Vorbereitung erfordert, beispielsweise durch die Auswahl geeigneter künstlerischer Materialien u. ä. (Schwarz et al. 2018, S. 15).

In ihrer Forschung sieht Emily Nolan (2019, 2021) die Rolle der Kunsttherapeut*innen speziell in der Förderung gesunder Beziehungen zwischen den Teilnehmenden in einer Gruppe, sowie einer gesunden Verbindung des bzw. der Einzelnen zu sich selbst und zur eigenen kreativen Arbeit. Laut Nolan kommt hier zum einen dem Erwerb von Kompetenzen der Selbstreflexion in der kunsttherapeutischen Ausbildung Gewicht zu, zum anderen der Supervision der Therapeut*innen. Beides betrachtet sie als wichtige Komponente der kunsttherapeutischen Arbeit: „For art therapists … it is important to engage in self-reflexive practice and supervision or consultation.“ (Nolan, 2019, S. 84). Auch für die aktive Vorbereitung der therapeutischen Präsenz in der oben erwähnten Studie spielte für die befragten Kunsttherapeutinnen die Supervision eine entscheidende Rolle: „Supervision was seen as an opportunity for therapists to connect theory and practice and to attune their therapeutic presence …“ (Schwarz et al., 2018, S. 16).

In der COVID-19-Pandemie standen wir alle vor neuen Herausforderungen, daher war die Unterstützung durch professionelle Supervision umso bedeutender. Ein weiterer wichtiger Aspekt der Selbstfürsorge, der mir persönlich neben der Supervision großartige Unterstützung gab, war die Beteiligung an einer *Creative Support Group*. Diese Gruppe bot mir die Möglichkeit für einen wöchentlichen Austausch mit Kolleg*innen aus verschiedenen Ländern, ähnlich wie in einer Selbsthilfegruppe, über die Herausforderungen der Zeit. Mehrere dieser Gruppen wurden durch die *European Federation for Art Therapy* (EFAT) während der Pandemie ins Leben gerufen. Nicht zuletzt möchte ich meine eigene Yoga- und Meditationspraxis erwähnen, die mir nicht nur Achtsamkeit und Fokus im Hier und Jetzt vermittelte, sondern sich als eine wichtige Ressource erwies. Insgesamt können wir die folgenden unterstützenden Strategien aufzählen: Atemtechniken, Achtsamkeits- oder Konzentrationsübungen, Yoga und Meditation, bewusstes Malen vor und nach den therapeutischen Sitzungen oder andere Rituale sowie regelmäßige Supervision.

Zusammenfassend lässt sich sagen, dass zur aktiven Vorbereitung der therapeutischen Präsenz die Auseinandersetzung mit uns selbst dazugehört: Damit wir unserer Rolle als Therapeutinnen und Therapeuten gerecht werden und sie flexibel gestalten können, ist es notwendig, zuerst unsere eigenen persönlichen Ängste wahrzunehmen, das Eigene und das Fremde auf emotionaler, körperlicher sowie bildnerischer Ebene unterscheiden und in Resonanz mit dem Gegenüber gehen zu können.

4.3 Therapeutische Identität

Die eigene therapeutische Identität in der Arbeit mit Klient*innen zu entwickeln, kann sich als ein langjähriger Prozess gestalten. Den eigenen Weg des therapeutischen Handelns oder Nichthandels zu schulen, basiert auf Proben und Erkenntnisprozessen, wo die eigenen Vorlieben, Stärken und Grenzen liegen. Eine eigene therapeutische Haltung in der kunsttherapeutischen Arbeit zu entwickeln, ist eines der wichtigsten Schritte zur therapeutischen Identitätsfindung.

Wichtige Punkte zur Ausbildung der therapeutischen Haltung

- Präsent im Moment sein
- Das Eigene und das Fremde voneinander unterscheiden
- Auseinandersetzung mit den eigenen Ängsten und Verletzungen
- Die eigenen Grenzen definieren
- Die eigene biografische Geschichte integrieren
- Offen für Feedback und Kritik sein
- Bewusstwerdung von sozialen Rollen

In den letzten Jahren entwickelte ich meine eigene therapeutische Haltung, indem ich mir zuerst der unterschiedlichen Rollen bewusst wurde, die ich in der Therapie im Umgang mit den Patient*innen erfülle. Rein fachlich betrachtet unterteile ich meine Rollen als Kunsttherapeutin in die folgenden Subrollen: *Künstlerin*, *Kunstpädagogin*, *Forscherin* und *Therapeutin*. Natürlich bin ich nicht nur als Fachfrau in der Therapie präsent, sondern auch als *Mensch*, *Frau*, *Bulgarin*, *Mutter*, *Tochter* oder *Ehefrau*. Forschend in diese Richtung der Sozialrollen und der Aufsplittung in unterschiedliche Anteile und Funktionen bin ich auf das Konzept *des kulturellen Atoms* oder *des Rollenatoms* gestoßen, bekannt aus der Dramatherapie (Stadler, 2017). Das Psychodrama betrachtet das Selbst des Menschen als ein Konglomerat verschiedener Rollen, so Christian Stadler (ebd., S. 14). Indem eine Person ihre Rollen reflexiv betrachtet, z. B. mithilfe eines Tortendiagramms, finden bereits Spiegelprozesse statt, die auch die Mentalisierung fördern, so Stadler weiter. In der Traumatherapie sind wir im Einsatz von inneren Anteilen unserer Patient*innen bereits geübt. So kennen wir *das innere Kind, den inneren Helfer, das innere Team, den inneren Kritiker* u. a. Aber wieviele von uns, den Therapeut*innen, betrachten sich selbst als ein Team, ohne an eine Pathologie zu denken? Diesen Überlegungen zufolge versuchte ich immer öfter, bewusst wahrzunehmen, in welcher Rolle ich therapeutisch handle und warum.

Um meine Forschung zu untermauern, schuf ich ein Modell (Abb. 4.1), das die Bildung meiner therapeutischen Identität veranschaulicht. Die sozialen Rollen, die ich erfülle und die in der Therapie zum Vorschein kommen, sind in einen kulturellen Hintergrund eingebettet. Oft unterscheidet sich die Kultur des Aufwachsens und der Identitätsbildung von jener der Lebensgestaltung stark voneinander, wie in meinem Fall. Aus diesem Grund wurde ich in meinen Denk- und Wahrnehmungsprozessen von verschiedenen kulturellen Aspekten beeinflusst. Diese Prozesse sind primär im Kontext einer kultursensiblen Therapie mit geflüchteten Personen beschrieben, mit dem Fokus auf das Aufeinandertreffen zweier Kulturen in der therapeutischen Beziehung. Aus Sicht der Therapeut*innen ist die Kultur der Klient*innen das Fremde und das Unbekannte in der Therapie, welche oft für Schwierigkeiten in der Kommunikation und gar zu kulturellen Missverständnissen führen können. Diese Sicht ist eindeutig auf die Position der Therapeut*innen fokussiert und schließt eine wechselseitige Beziehung

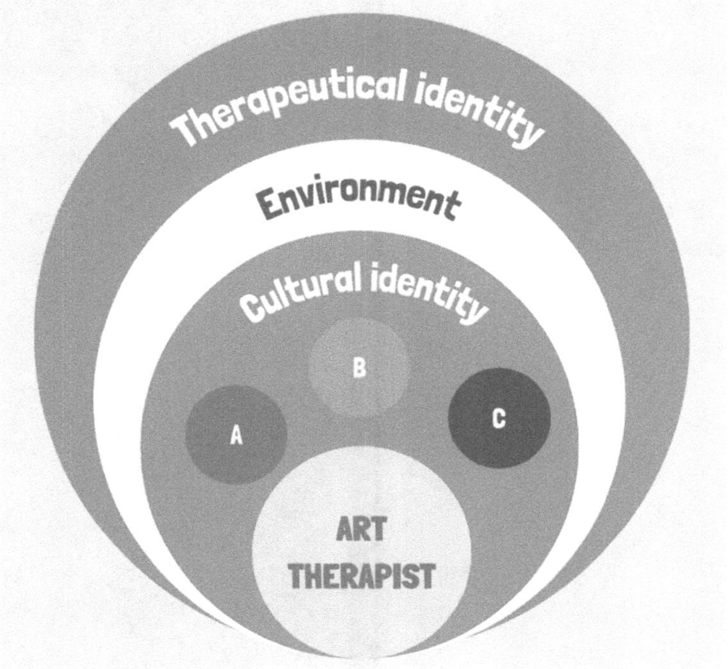

Abb. 4.1 Modell der therapeutischen Identität

aus. Als Therapeut*innen sollten wir in einer transkulturellen Therapie die Tatsache nicht außer Acht lassen, dass wir selbst genauso das Fremde und das Unbekannte für unser Gegenüber darstellen.

Wie bereits 2017 in meiner Masterarbeit postuliert, sehe ich die Sprache und die Bilder nicht als die einzigen Kommunikationskanäle in der Kunsttherapie. So belegte ich, dass die Bewegung als eine zusätzliche Ebene der Kommunikation zwischen Therapeut*in und Patient*in fungiert (Stanoeva, 2018). Nicht nur Körperausdruck und Bewegung sind für uns signifikant, auch der kulturelle Hintergrund in der Begegnung spielt eine bedeutende Rolle (Chang, 2009; Kerstenberg Amighi et al., 2018).

Es gibt viele Faktoren, die die Identitätsbildung beeinflussen: familiärer Hintergrund, rassische, ethnische und kulturelle Zugehörigkeit, Beruf, Sexualität usw. Kulturelle Unterschiede sind laut Kakar (1997) für die Kommunikation in der Psychotherapie von großer Bedeutung, sie können die therapeutische Beziehung auf unterschiedliche Weise beeinflussen (Chang, 2009; Kerstenberg Amighi et al., 2018). Für meine weiterführende Forschung erweiterte ich mein Modell (Abb. 4.2), indem ich Therapeut*in und Klient*in in einer Interaktion darstelle, die auch die Reflexionsebene in der Beziehung zulässt.

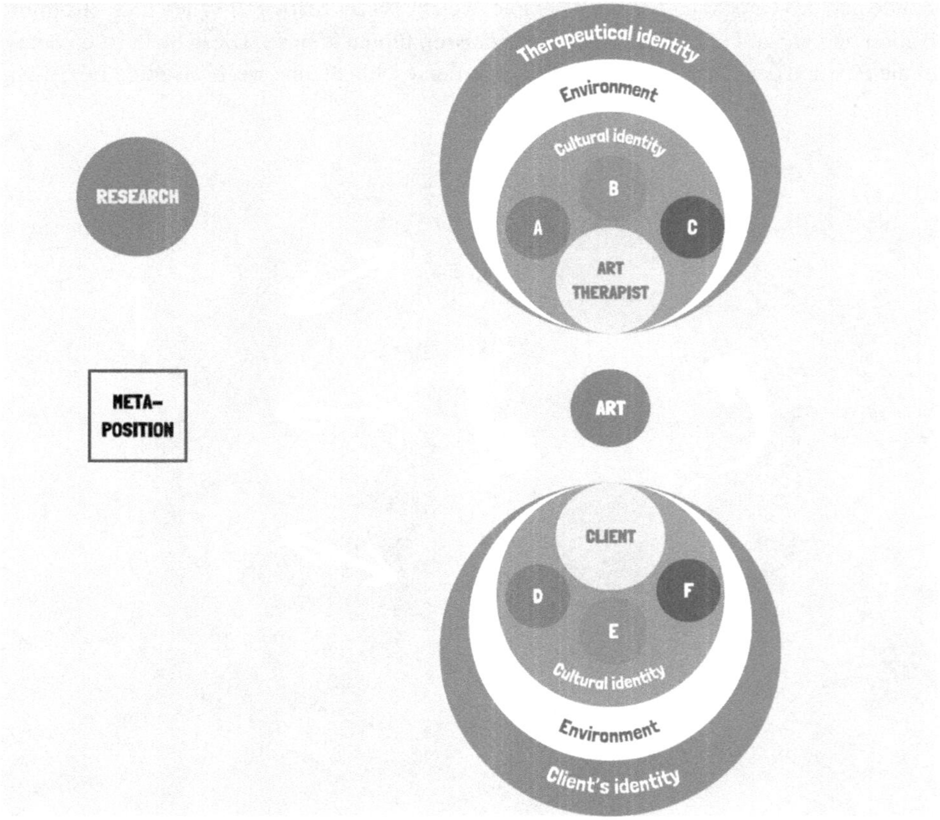

Abb. 4.2 Modell der Interaktion in der therapeutischen Beziehung

Im Rahmen meiner Dissertation untersuchte ich die Wirkung meiner künstlerischen Arbeit im Sinne von „response art“ auf den kunsttherapeutischen Prozess. Die Datenerhebung erfolgte durch *künstlerische Forschung*, indem das Objekt der Betrachtung die eigenen Bilder der Kunsttherapeutin sind, die im therapeutischen Prozess entstehen. Bezug nehmend auf das *Rollenatom* stellte ich fest, dass meine künstlerische Antwort auf das Material aus der Therapie auch von der jeweiligen Rolle abhängt, in der ich handle.

Techniken, die die therapeutische Präsenz unterstützen können

- Atemübungen
- Achtsamkeits- und Konzentrationsübungen
- Yoga und Meditation
- Bewusstes Malen vor dem therapeutischen Setting
- Andere Rituale
- Supervision

4.4 Response Art – Die Kunst der Antwort in der Therapie

Im therapeutischen Raum gewinnt die Präsenz des Bildes eine besondere Bedeutung, denn als eine direkte Repräsentation des Ichs erlaubt es Selbstausdruck und Kommunikation selbst dann, wenn die Interaktion in der Gruppe nur eingeschränkt möglich ist (Stanoeva, 2022). Beim Aufbauen und Vertiefen der Beziehung zu den Klient*innen in der Kunsttherapie erweisen sich die leibliche Präsenz der Therapeut*innen, ihre Authentizität sowie emotionale Resonanz als entscheidend. In diesem Kontext bekommt die sog. *Response Art* immer mehr Gewicht in der kunsttherapeutischen Arbeit (Fish, 2006, 2012, 2019; Havsteen-Franklin, 2014; Nash, 2020). Als Facette der therapeutischen Präsenz hat die aktive Beteiligung der Kunsttherapeut*innen auf der nonverbalen Ebene des kreativen Gestaltens eine bestimmte Wirkung auf die Therapie. Die Bilder der Kunsttherapeut*innen, die als Antwort auf das Geschehen in der Therapie entstehen, sind in der Literatur als *Response Art* beschrieben, so Fish (2012, S. 138): „Response art is artwork created by art therapists in response to material that arises in their therapy work.“ In ihrer Dissertation definiert Fish (2006, S. 13) Response Art als: „Art that is made by art therapists to contain, explore, and express clinical work.“ Laut Barbara Fish (2019) bietet *Response Art* den Kunsttherapeut*innen die Möglichkeit einer wichtigen Selbstbeobachtung. Am häufigsten untersucht wurde dieses Konzept im Kontext der Selbstfürsorge oder der Supervision, da die Bilder eine gute Möglichkeit bieten, die therapeutische Arbeit zu reflektieren (Fish, 2006, 2012; Havsteen-Franklin, 2014). Nicht zuletzt unterstreicht Barbara Fish (2006, 2012, 2019) die Bedeutung von *Response Art* für das bessere Verständnis der Phänomene von *Übertragung* und *Gegenübertragung* in der Kunsttherapie.

Im deutschsprachigen Raum kennen wir die *Resonanzbildmethode* von Gisela Schmeer (2006), die die Resonanz in den Gruppenprozessen als ein Schwingungsfelder erschaffendes, soziales Phänomen betrachtet. Schmeer versteht die Resonanzbilder als schnelle kleine Skizzen mit schwarzem Filzstift, die als spontane Reaktion auf das Gruppengeschehen entstehen (ebd.). Das kleine Format in Schwarz-Weiß ist hier eine intuitive Reduktion der visuellen Botschaft auf das Wesentliche, so Schmeer weiter.

Gegenwärtig wurde das Forschungsfeld von *Response Art* deutlich erweitert, indem Bilder von Kunsttherapeut*innen betrachtet werden, die vor, während oder nach der therapeutischen Sitzung entstehen (Nash, 2020). In diesem Zusammenhang wurden in der Literatur unterschiedliche Begriffe eingeführt. Einige Autoren, die die aktive Beteiligung der Therapeut*innen an der Seite von Patient*innen während des kreativen Prozesses untersuchten, bezeichnen sie als „joint engagement" (Taylor Buck & Havsteen-Franklin, 2013) oder als „joint activity" (Furneaux-Blick, 2019). So schreibt auch Furneaux-Blick (2019, S. 169), dass sie aufgrund der gemeinsamen Aktivität ihrer Klientin auf Augenhöhe begegnen und ihre aktuellen emotionalen Bedürfnisse erfassen konnte: „By working in this way through a ‚joint activity', I have been able to meet my client at her level and on her terms, addressing her emotional needs within the here and now." Zudem betont sie, dass die geteilten Erfahrungen im Hier und Jetzt zu mehr Verständnis und Empathie beitragen (ebd.).

In der Fachliteratur tauchen diese Werke als eine Art Selbstfürsorge oder als Teil der Supervision auf, und bieten die Möglichkeit, Material aus der Arbeit mit Klient*innen zu analysieren und sich selbst zu reflektieren (Fish, 2006, 2012; Havsteen-Franklin, 2014). Gary Nash (2020, S. 39) erklärt in seiner Forschung, dass es sich bei *Response Art* um Bilder handeln kann, die *vor*, *während* oder *nach* dem Kontakt mit den Patient*innen entstehen: „The art works that art therapists make as part of their daily clinical practice, either before, during or after seeing clients, is described as ‚clinic artwork' or ‚response art'." Nash zählt einige der Parameter der Entstehung von *Response Art* auf: „The work can be created alongside the client, in the context of art-making in a group, privately after sessions have finished and the client has left the room, in clinical supervision and also as part of one's training experience." (Nash, 2020, S. 40). Er spricht von „clinical art-making" in Bezug auf „art made in response to any client-related experience, work-based dynamic material or experiences deriving from the clinical context" (ebd.). In diesem Zusammenhang führte er einen eigenen Begriff *„reflect piece imagery"* ein, um Bilder von Kunsttherapeut*innen zu beschreiben, die sofort nach der kunsttherapeutischen Session entstehen. Laut Nash (2020, S. 41) handelt es sich hiermit um: „Images, made at the end of the session, immediately after the client has left the room, become a visual expression of the therapist's internal responses activated by the complexity of visual, verbal, non-verbal and sensory communication experienced during the session."

Das Thema wurde kontrovers diskutiert, da einige Meinungen nur „Entblößung" und „Verwundung" der Therapeut*innen bei diesem Ansatz sehen. In einem Zitat von Sally Skaife (1995, S. 7) ist die ganze Spannung des Forschungsfelds abgebildet: „If the art therapist only talks and does not paint, what sort of unconscious message is she giving? If she paints, how does she model authentic expression of deep feeling without shifting the attention of the therapy onto herself?"

Aus der Bindungstheorie bekannt liegt der Fokus einer Mutter-Kind-Beziehung auf der Dynamik der reaktionsfähigen Betreuung. Die beantwortende Beziehung („responsive relationship") unterstützt die gesunde Entwicklung des Kindes, indem sie Affekte aushält, differenziert und entsprechend beantwortet. In einem Beitrag von Michael Franklin (2010) zu *Response Art* geht es um eine spezifische Form von empathisch abgestimmter Kunst, die innerhalb der therapeutischen Sitzung entsteht und die Emotionsregulation der Klient*innen fördert. In diesem Zusammenhang untersucht Franklin (ebd.) wie die Kunst dabei hilft, die begleitenden Emotionen im kunsttherapeutischen Prozess zu regulieren. Dabei bezieht sich der Franklin stark auf die sog. Dritte-Hand-Strategie nach Edith Kramer (1986). Die „dritte Hand der Therapeutin" wurde von ihr in Verbindung mit dem Einsatz künstlerischer Fähigkeiten der Therapeut*innen zu Unterstützung von Klient*innen dokumentiert.

In der 1970er- und 1980er-Jahren leistete Kramer Pionierarbeit in der empathischen Anwendung von Kunst in der Kunsttherapie, die in ihrem Konzept der dritten Hand zum Ausdruck kam. So wurde ihre Arbeit wegweisend für die Entwicklung kunstbasierter Methoden zur Behandlung von Beziehungsdefiziten. Laut Edith Kramer fungiert ein Kunsttherapeut bzw. eine Kunsttherapeutin als Hilfs-Ich, das bereit ist, auf den Klienten bzw. auf die Klientin mit kunstbasierten Interventionen zu reagieren. Für Kramer (1986) entstehen diese Interventionen aus dritter Hand durch die Fähigkeit der Therapeut*innen, in einen bildnerischen Dialog mit den Klient*innen zu treten und Veränderungen anzustoßen. Edith Kramer wies darauf hin, dass die Interventionen aus dieser Position nicht das Ziel haben, dem Gegenüber etwas aufzuzwingen oder seine Wahrnehmung zu verzerren. In diesem Sinne spricht sie von Anpassung des eigenen künstlerischen Stils auf die „Handschrift" und die künstlerischen Fähigkeiten der Klient*innen für eine effektive visuelle Empathie (Kramer, 1986; Franklin, 2010). Darüber hinaus sollten die künstlerischen Antworten der Therapeut*innen nicht persönlich sein, sondern sorgfältig auf die Bedürfnisse der Klient*innen abgestimmt werden.

In der beschriebenen Tradition von Edith Kramer zog auch Cathy Malchiodi (2010) Parallelen zwischen der Einstimmung auf das Bild durch visuelle Betrachtung und durch eine künstlerische Antwort, indem die Therapeutin bzw. der Therapeut ein Bild aktiv anfertigt. Ihre Überlegungen und Reflexion der Thematik gehen weiter (Malchiodi, 2010): „An effective art therapist must have a command of the third hand to enhance a client's creativity without being intrusive, imposing one's own style or artistic values, and misinterpreting meanings found in images. Ultimately, the response of the therapist to a client's process of art making reflects and supports that client's worldview, creative potential, and ability to use art for reparation and recovery."

2015 wiesen auch Havsteen-Franklin und Camarena Altamirano auf die künstlerische Reaktion der Therapeut*innen als eine Kommunikationsmethode hin, wenn Worte nicht zur Verfügung stehen und unter Bedingungen intensiver Affekterregung oder vermeidender Bindungsmuster seitens der Patient*innen. Die beiden Autoren nennen diese künstlerische Reaktion *„responsive art making"* und erklären sie weiter als „die Verwendung künstlerischer Mittel, um im therapeutischen Kontext auf Affekte zu reagieren" (Havsteen-Franklin & Camarena Altamirano, 2015, S. 54). Darüber hinaus sehen sie darin eine wichtige Methode im Repertoire von Kunsttherapeut*innen, die im Vereinigten Königreich im Gesundheitswesen arbeiten, sowie einen interaktiven Prozess der Mentalisierung (ebd.).

So behaupten Bragge und Fenner (2009, S. 21): „By bringing the artwork made by the art therapist into the relationship, the therapist is making a choice to involve their own subjectivity in a more transparent and responsive way." Das Mitgestalten in der Kunsttherapie verändert die Rolle der Therapeut*innen von Beobachtenden zu aktiv am intersubjektiven Dialog Teilnehmenden, erläutern Bragge und Fenner weiter (2009, S. 21).

4.5 Auswirkungen der therapeutischen Präsenz

Die aktive kreative Beteiligung von Kunsttherapeut*innen als ein Aspekt der therapeutischen Präsenz hat einen gewissen Einfluss auf den gesamten therapeutischen Prozess. Die Ansicht, Kunsttherapeut*innen seien nur Beobachtende der Prozesse, ist sowohl in der Theorie als auch in der Praxis schon lange überholt. Natürlich ist die sog. Beobachter*innenrolle relevant und eng mit der Forschung verbunden. Aber Kunsttherapeut*innen sind nicht nur Beobachtende, sondern aktiv Mitgestaltende des therapeutischen Prozesses, indem sie verschiedene Haltungen annehmen können. Oft scheint unsere Funktion auf den ersten Blick etwas passiv: Halten, Tragen, Aufnehmen, Containen, Schutz bieten u. ä. Manchmal verlangt unsere Funktion mehr Aktivität: Motivieren, Inspirieren, Bewegen, Veränderung anstoßen etc. Wir sollten uns bewusst werden, dass das therapeutische *Handeln* oder *Nichthandeln* immer eine Wirkung auf die Therapie hat.

Als Facette der therapeutischen Präsenz hat die aktive Beteiligung der Kunsttherapeut*innen auf der nonverbalen Ebene des kreativen Gestaltens eine bestimmte Wirkung auf die gesamte Therapie. Aus meiner Sicht wirkt sich die aktive Mitgestaltung der Therapeut*innen positiv in den folgenden drei Bereichen aus: 1) in der Beziehung Patient*in zu Therapeut*in, 2) in der Gruppendynamik sowie 3) im therapeutischen Prozess (Abb. 4.3). Im Prozess reduziert die gemeinsame Gestaltung die Ängste und Hemmungen der Patient*innen und fördert Neugier, Mut und Experimentierfreude im Umgang mit den künstlerischen Materialien. Somit findet eine intensivere Auseinandersetzung mit den unterschiedlichen Qualitäten der Materialien und Techniken statt, die zugleich einen intensiven Kontakt mit sich selbst und eine Tiefe der Reflexion ermöglicht. Die geteilten Erfahrungen im Gruppengeschehen fördern die Entstehung eines gemeinsamen Energiefeldes und erleichtern die horizontale Kommunikation und Verbindung zwischen den Teilnehmenden. Hinzu kommt, dass die Patient*innen durch Perspektivenwechsel neue Sichtweisen gewinnen sowie Erfahrungen der Selbstwirksamkeit machen können. Im Bereich Beziehung kann die Mitgestaltung der Therapeut*innen Offenheit und Vertrauen fördern und den Austausch erleichtern. Durch die geteilten kreativen und emotionalen Erfahrungen begegnen sich Therapeut*in und Patient*in in einer wohlwollenden Atmosphäre ohne Hierarchie oder direkte Beobachtung. Diese Methode unterstützt sowohl die Kontaktaufnahme als auch den Beziehungsaufbau. Die aktive Mitgestaltung bietet sich als ein Kommunikationsweg an, der gerade auch unter erschwerten Bedingungen einen Zugang zur Innenwelt der Klient*innen eröffnet.

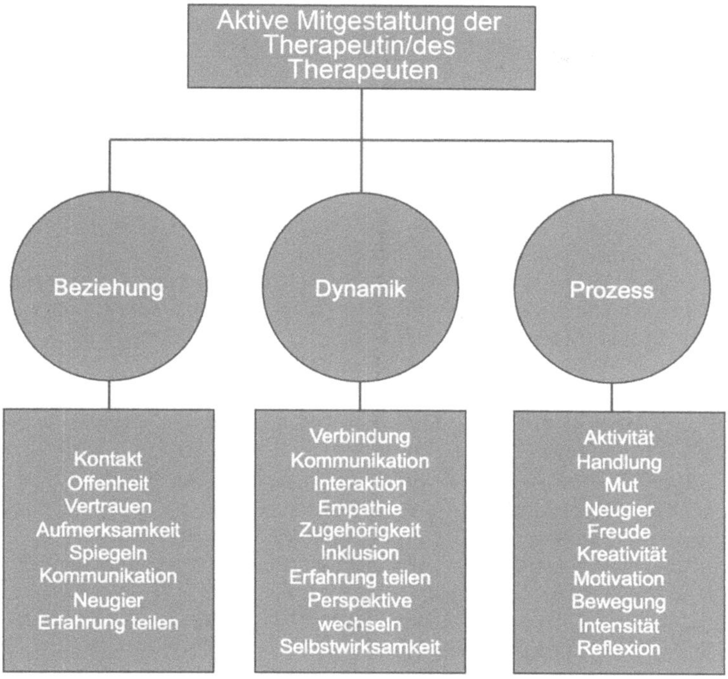

Abb. 4.3 Wirkung der therapeutischen Präsenz

4.6 Zusammenfassung

Die geteilten kreativen Erfahrungen wirken sich nicht nur positiv auf die Klient*innen und auf die Gruppenprozesse aus, sondern auch auf die Kunsttherapeut*innen selbst. *Response Art* könnte zu mehr Psychohygiene und Selbstfürsorge der Therapeut*innen verhelfen, besonders wenn starke Affekte im Rahmen der Therapie auftauchen und wunde Punkte berühren. Im klinischen Bereich folgen alle Therapien allein auf die Zeit bezogen in einer dichten Abfolge, sodass sich die Therapeut*innen schnell auf die nächste Gruppe einstellen müssen. Das „Kunstschaffen" kann ihnen bei der Selbstregulation und Balancefindung helfen, wenn körperlich und mental intensive Emotionen präsent sind. Es ist eine Neujustierung durch die Kunst, die Resilienz und Selbstfürsorge der Kunsttherapeut*innen fördert und sich als eine Routine im klinischen Setting entwickeln sollte, um traumatische Erfahrungen in der Psychiatrie rechtzeitig auffangen zu können. Darüber hinaus ermöglicht *Response Art* ein besseres Verständnis für die *Übertragung* und *Gegenübertragung* im Gruppengeschehen, erleichtert die Kommunikation in der Gruppe, fördert mehr Empathie in der Beziehung und unterstützt die Reflexionsebene in der Supervision.

Literatur

Bauer, J., & Amitai, M. (2013). Spiegelneuronen – neurobiologische Basis therapeutischen Verstehens. In G. Dammann & T. Meng (Hrsg.), *Spiegelprozesse in Psychotherapie und Kunsttherapie* (S. 152–167). Vandenhoeck & Ruprecht.

Benedetti, G., & Peciccia, M. (1994). Das progressive therapeutische Spiegelbild. In G. Schottenloher (Hrsg.), *Wenn Worte fehlen, sprechen Bilder* (Bd. 2, S. 91–94). Kösel-Verlag GmbH & Co.

Bion, W. R. (1962). *Learning from experience*. Maresfield Reprints.

Bion, W. R. (1990). *Lernen durch Erfahrung*. Suhrkamp.

Bragge, A., & Fenner, P. (2009). The emergence of the 'Interactive Square' as an approach to art therapy with children on the autistic spectrum. *International Journal of Art Therapy, 14*(1), 17–28. https://doi.org/10.1080/17454830903006323

Breuer, J., & Freud, S. (2011). *Studien über Hysterie* (7. Aufl.). Fischer.

Chang, M. H. (2009). Cultural consciousness and the global context of dance/movement therapy. In S. Chaiklin & H. Wengrower (Hrsg.), *The art and science of dance/movement therapy: Life is a dance* (S. 299–316). Routledge.

Dammann, G. (2013). Wirkfaktoren des Progressiven Therapeutischen Spiegelbilds im Lichte neuer psychodynamischer Prozesstheorien. In G. Dammann & T. Meng (Hrsg.), *Spiegelprozesse in Psychotherapie und Kunsttherapie* (S. 69–85). Vandenhoeck & Ruprecht.

Dannecker, K. (2020). Mit dem Unsichtbaren arbeiten: Einige Hypothesen zur Wirksamkeit der Kunsttherapie. In H. Gruber, G. Schmid, P. Sinapius, & R. Tüpker (Hrsg.), *Teilnehmende Beobachtung in Kunst und Therapie: Wissenschaftliche Grundlagen der Künstlerischen Therapien (Band 8)* (S. 196–225). HPB University Press.

Ebish, S. J. H., Perrucci, M. G., Ferretti, A., Del Gratta, C., Romani, G. L., & Gallese, V. (2008). The sense of touch: Embodied simulation in a visuo-tactile mirroring mechanism for the sight of any touch. *Journal of Cognitive Neuroscience, 20*, 1611–1623.

Fish, B. J. (2006). *Image-based narrative inquiry of response art in art therapy* (Doctoral Dissertation). Retrieved from ProQuest Dissertations and Theses database. (UMI No. AAT 3228081).

Fish, B. J. (2012). Response art: The art of the art therapist. *Art Therapy: Journal of the American Art Therapy Association, 29*(3), 138–143.

Fish, B. J. (2019). Response art in art therapy: Historical and Contemporary Overview. *Art Therapy: Journal of the American Art Therapy Association, 36*(3), 122–132.

Fonagy, P., Gergely, G., Jurist, E. L., & Target, M. (2004). *Affektregulierung, Mentalisierung und die Entwicklung des Selbst*. Klett-Cotta.

Fonagy, P., Gergely, G., Jurist, E. L., & Target, M. (2005). *Affect regulation, mentalization*. Other Press, LLC.

Fonagy, P., & Luyten, P. (2009). A developmental, mentalization-based approach to the understanding and treatment of borderline personality disorder. *Development and Psychopathology, 21*, 1355–1381.

Franklin, M. (2010). Affect regulation, mirror neurons, and the third hand: Formulating mindful empathic art interventions. *Art Therapy, 27*(4), 160–167. https://doi.org/10.1080/07421656.2010.10129385

Freud, S. (1910). *Die zukünftigen Chancen der psychoanalytischen Therapie* (GW VIII, S. 105–115). Fischer.

Furneaux-Blick, S. (2019). Painting together: How joint activity reinforces the therapeutic relationship with a young person with learning disabilities. *International Journal of Art Therapy, 24*(4), 169–180.

Gallese, V. (2005). "Being like me": Self-other identity, mirror neurons and empathy. In S. Hurley & N. Chater (Hrsg.), *Perspectives on imitation: From cognitive neuroscience to social science* (Bd. 1, S. 101–118). MIT Press.

Gallese, V. (2009). Mirror neurons, embodied simulation, and the neural basis of social identification. *Psychoanalytic Dialogues, 19*(5), 519–536.

Gallese, V., Fadiga, L., Fogassi, L., & Rizzolatti, G. (1996). Action recognition in the premotor cortex. *Brain, 119*(2), 593–609.

Gödde, G., & Buchholz, M. (2011). *Unbewusstes*. Psychosozial.

Havsteen-Franklin, D. (2014). Consensus for using an arts-based response in art therapy. *International Journal of Art Therapy, 19*(3), 107–113.

Havsteen-Franklin, D., & Camarena Altamirano, J. (2015). Containing the uncontainable: Responsive art making in art therapy as a method to facilitate mentalization. *International Journal of Art Therapy, 20*(2), 54–65. https://doi.org/10.1080/17454832.2015.1023322

Hutchison, W. D., Davis, K. D., Lozano, A. M., Tasker, R. R., & Dostrovsky, J. O. (1999). Pain related neurons in the human cingulate cortex. *Nature Neuroscience, 2*, 403–405.

Kakar, S. (1997). *Culture and Psyche*. Oxford University Press.

Kerstenberg Amighi, J., Loman, S., & Sossin, K. M. (2018). *The meaning of movement: Embodied developmental, clinical, and cultural perspectives of the Kestenberg Movement Profile* (2. Aufl.). Routledge.

Keysers, C., Wickers, B., Gazzola, V., Anton, J.-L., Fogassi, L., & Gallese, V. (2004). A touching sight: SII/PV activation during the observation and experience of touch. *Neuron, 42*, 1–20.

Kläui, C. (2013). Spiegelstadium und Intersubjektivität. In G. Dammann & T. Meng (Hrsg.), *Spiegelprozesse in Psychotherapie und Kunsttherapie* (S. 102–114). Vandenhoeck & Ruprecht.

Klein, M. (1946). *Bemerkungen über einige schizoide Mechanismen*. Gesammelte Schriften 1946–1963. (Bd. III, S. 1–41). Frommann-Holzboog.

Kramer, E. (1986). The art therapist's third hand: Reflections on art, art therapy and society at large. *The American Journal of Art Therapy, 24*, 71–86.

König, K. (1982). Der interaktionelle Anteil der Übertragung in Einzelanalyse und Analytischer Gruppenpsychotherapie. *Gruppenpsychotherapie und Gruppendynamik, 17*, 76–83.

Körner, J. (2018). *Die Psychodynamik von Übertragung und Gegenübertragung*. Vandenhoeck & Ruprecht GmbH & Co. KG.

Krutzenbichler, S., & Essers, H. (2010). *Übertragungsliebe. Psychoanalytische Erkundungen zu einem brisanten Phänomen*. Psychosozial.

Lacan, J. (1973). *Schriften I*. Walter.

Malchiodi, C. A. (2010). Cool art therapy intervention #1: The art therapist's third hand. *Psychology Today*. http://www.psychologytoday.com/blog/the-healing-arts/201010/cool-art-therapy-intervention-1-the-art-therapist-s-third-hand. Zugegriffen am 15.12.2024.

Merleau-Ponty, M. (1962). *Phenomenology of perception*. Routledge. (Original work published 1945).

Nash, G. (2020). Response art in art therapy practice and research with a focus on reflect piece imagery. *International Journal of Art Therapy, 25*(1), 39–48. https://doi.org/10.1080/17454832.2019.1697307

Nolan, E. (2019). Opening art therapy thresholds: Mechanisms that influence change in the community art therapy studio. *Art Therapy, 36*(2), 77–85.

Nolan, E. (2021). Holding the space. *Art Therapy, 38*(4), 171–172. https://doi.org/10.1080/07421656.2021.2003654

Peciccia, M. (2013). Der Traum und das Progressive Therapeutische Spiegelbild. In G. Dammann & T. Meng (Hrsg.), *Spiegelprozesse in Psychotherapie und Kunsttherapie* (S. 29–68). Vandenhoeck & Ruprecht.

Peciccia, M., & Benedetti, G. (1998). The integration of sensorial channels through progressive mirror drawing in the psychotherapy of schizophrenic patients with disturbances in verbal language. *Journal of the American Academy of Psychoanalysis, 26*, 109–122.

Perner, A. (o.J.). Einführende Bemerkungen zu Jacques Lacan: Das Spiegelstadium als Bildner der Ich-Funktion (Schriften I, S. 61–70) im Hinblick auf die Arbeiten von Cindy Sherman. http://www.freud-lacan-berlin.de/res/Perner_Einfuehrung_Spiegelstadium.pdf. Zugegriffen am 15.10.2017.

Rizzolatti, G., & Sinigaglia, C. (2008). *Empathie und Spiegelneurone. Die biologische Basis des Mitgefühls*. Suhrkamp.

Schultz-Venrath, U. (2011). Das Gehirn in der Gruppe oder die Gruppe im Gehirn – Zur Neurobiologie des Mentalisierens in Gruppenpsychotherapien. *Gruppenpsychotherapie und Gruppendynamik, 47*, 111–140.

Schmeer, G. (2006). *Die Resonanzbildmethode – Visuelles Lernen in der Gruppe*. Klett-Cotta.

Schwarz, N., Snir, S., & Regev, D. (2018). The Therapeutic Presence of the Art Therapist. *Art Therapy, 35*(1), 11–18.

Skaife, S. (1995). The dialectics of art therapy. *Inscape, 1*, 2–7.

Sosic-Vasic, Z., Eberhardt, J., Bosch, J. E., Dommes, L., Labek, K., Buchheim, A., & Viviani, R. (2019). Mirror neuron activations in encoding of psychic pain in borderline personality disorder. *NeuroImage: Clinical, 22*, 1–8. https://doi.org/10.1016/j.nicl.2019.101737

Stadler, C. (2017). *Ich bin viele. Psychotherapie mit Ich-Anteilen*. Ernst Reinhardt.

Stanoeva, A. (2018). Bewegung. Verortung. Abgrenzung. Gruppendynamische Prozesse in der Kunsttherapie bei Menschen mit Borderline-Persönlichkeitsstörung. *Musik-, Tanz- und Kunsttherapie, 2018*(1), 72–94.

Stanoeva, A. (2022). The art is present? – Neue Kommunikationswege und Präsenz in Zeiten von COVID-19. *Kunst & Therapie, 2022*, 40–58.

Stein, E. (2008). *Zum Problem der Einfühlung*. Halle (Saale), 1917. (Teile II und IV aus o. g. Diss.) Neuausgabe in Edith-Stein-Gesamtausgabe (Bd. 5). Herder.

Steiner, J. (2014). *Seelische Rückzugsorte verlassen. Therapeutische Schritte zur Aufgabe der Borderline-Position*. Klett-Cotta.

Stott, S. (2018). Copying and attunement: the search for creativity in a secure setting. *International Journal of Art Therapy, 23*(1), 45–51.

Taylor Buck, E., & Havsteen-Franklin, D. (2013). Connecting with the image: How art psychotherapy can help to reestablish a sense of epistemic trust. *ATOL: Art Therapy Online, 4*(1), 1–24.

Watzel, T. (2018). Übertragung und Gegenübertragung. In G. Gödde & J. Zirfas (Hrsg.), *Kritische Lebenskunst*. J.B. Metzler.

Winnicott, D. W. (1971). *Playing and reality*. Jessica Kingsley Publishers.

Die Kunst der Antwort in der klinischen Praxis

5

Zusammenfassung

Um eine Beziehung zu den Klient*innen aufzubauen und zu vertiefen, sind die leibliche Präsenz der Therapeut*innen, ihre Authentizität sowie emotionale Resonanz besonders wichtig. In diesem Kontext berichtet die Autorin hier ihre Erfahrungen aus der Therapie, die von geteilten kreativen Prozessen stammen. Die Kasuistik des fünften Kapitels zeigt konkrete Beispiele aus dem Gruppen- und dem Einzelsetting sowie den Einsatz der Methode *Response Art* als Selbstfürsorge.

Im Rahmen meiner Dissertation untersuchte ich die Wirkung meiner eigenen künstlerischen Arbeit im Sinne von *Response Art* auf die kunsttherapeutischen Prozesse. Die Datenerhebung erfolgte durch künstlerische Forschung, indem das Objekt der Betrachtung die Bilder und Objekte der Kunsttherapeutin sind, die im therapeutischen Prozess als Antwort entstehen. Diese entwickeln sich im klinischen Kontext und werden auf verschiedene Weise erstellt und gesammelt:

- Response Art während der Therapie: Malen zusammen mit der Gruppe.
- Response Art während der Therapie: gemeinsames Malen in der Einzeltherapie.
- Response Art nach der Therapie: Selbstfürsorge.
- Response Art nach der Therapie: Supervision.
- Response Art in der klinischen Projektarbeit.
- Response Art als künstlerische Reflexion.

A. Stanoeva, *Response Art*, https://doi.org/10.1007/978-3-658-47571-0_5

Zusätzlich wurden qualitative Forschungsmethoden angewendet wie *teilnehmende Beobachtung, qualitative Inhalts- und Bildanalyse* sowie *Fallstudien*. Im Folgenden werden einige Fallbeispiele näher betrachtet, die im Rahmen der Doktorarbeit untersucht wurden.

5.1 Die therapeutische Präsenz im Gruppensetting

Um eine Beziehung zu den Klient*innen aufzubauen und zu vertiefen, sind die leibliche Präsenz der Therapeut*innen, ihre Authentizität sowie emotionale Resonanz besonders wichtig. Dies erscheint mir umso relevanter, als ich gegenwärtig mit Patient*innen im klinischen kunsttherapeutischen Setting intensiv male (Stanoeva, 2020, 2022). Auf diese Weise fühlen sich die Patient*innen von mir bestätigt und ermutigt, sich aktiv am gestalterischen Prozess zu beteiligen. Da wir die gleichen kreativen Erfahrungen teilen, wird die Verbindung in der Gruppe auf eine unmittelbare Ebene erleichtert. Im Gruppengeschehen findet eine gegenseitige bildnerische Spiegelung statt, die für alle Teilnehmenden inspirierend ist sowie eine lebendige Interaktion erlaubt. Die geteilten kreativen Tätigkeiten unterstützen die Entstehung eines gemeinsamen Nährbodens für die Gruppe sowie ein Gefühl von Zugehörigkeit (Stanoeva, 2018). Dies wirkt sich positiv auf das Veränderungspotential der Therapie aus. Drei Beispiele aus meiner klinischen kunsttherapeutischen Praxis sollen veranschaulichen, wie wichtig die gemeinsamen Erfahrungen für die Gruppendynamik sind.

5.1.1 Mit der Gruppe zusammen malen: gemeinsames Bild

„Der Regenbogenfisch"

Mit der Zielsetzung, das Gemeinschaftsgefühl der Teilnehmenden zu fördern, arbeitete ich mit einer Gruppe von Patientinnen aus der Gerontopsychosomatik über mehrere Sitzungen hinweg gemeinsam an einem Bild (Abb. 5.1). Um die älteren Menschen ermutigen zu können, an einer gemeinsamen Gestaltung zu arbeiten, setzte ich mich zuerst mit ihren Ängsten und Hemmungen auseinander. Auch deren Vorliebe, in der Kunsttherapie in einem gewohnten Muster – wie dem einer Malvorlage – zu bleiben, musste ich berücksichtigen. Für den Gestaltungsprozess hatte ich eine Aufgabe gewählt, die viele Interaktionsmöglichkeiten bietet. Dazu hatte ich eine große schwarze Papierrolle, Wachsmalkreiden und eine kreisförmige Schablone bereitgelegt und die Teilnehmenden an die Aufgabe herangeführt: „Wir werden heute die Kreisform als Vorlage aufgreifen und alle zusammen an einem gemeinsamen Bild arbeiten, indem wir die Kreise bunt anmalen." Ein großformatiger Bogen (215 × 150 cm) wurde von der Papierrolle abgeschnitten und auf dem Tisch ausgelegt. Ich begann, mit einer Schablone Kreisformen von der Mitte des Blattes ausgehend zu zeichnen. So entstanden viele mit weißer Wachsmalkreide gezeichnete Vorlagen, die teilweise Über-

Abb. 5.1 „Der Regenbogenfisch" – Gruppenprojekt (Detail), Ölkreiden auf Papier

schneidungen ergaben, als eine Einladung an die Patientinnen. An einem großen Tisch sitzend, begannen wir zuerst damit, die äußeren Kreise anzumalen. Während wir diese Kreise gemeinsam mit Ölkreide ausfüllten, entwickelten sich immer lebhafte Gespräche unterschiedlicher Natur. Als zentrales Element im Raum, das statisch auf dem Tisch bleibt, dient hier das Bild der Gruppe als verbindender Ort des gemeinsamen Handelns. Gleichzeitig fordert es zur Bewegung im Raum auf und damit zum Perspektivenwechsel, da die Patientinnen eingeladen sind, ihre Position zum Ausmalen der Kreise in jeder Sitzung zu verändern. Eine Gruppenarbeit wie diese stimuliert das Entstehen eines kollektiven Raums, in dem das Eigene zum Gemeinschaftsbild beiträgt, aber nicht den Vorrang hat. Wesentlich für dieses Vorgehen ist, dass der Austausch im Bild stattfindet. Hier konnten sich Formen auf dem Papier begegnen und durften nebeneinander entstehen. Als wir im Verlauf des Gestaltungsprozesses gemeinsam assoziierten, was unser Bild darstellen sollte, meinte eine neu dazu gekommene Patientin, dass es ein Fisch sein könnte. Die Kreise assoziierte sie mit den Schuppen eines Fisches. Ich merkte an, dass es sich um einen sehr bunten Fisch handle. Daraufhin entstand der Name „Regenbogenfisch" seitens der Gruppe. Eine andere Patientin meinte, „dann müssen wir noch die goldenen Schuppen anmalen", und malte den Kreis in der Mitte des Blattes golden an (Abb. 5.2).

Abb. 5.2 „Der Regenbogenfisch“ – Gruppenprojekt, Ölkreiden auf Papier

5.1.2 Mit der Gruppe zusammen malen: individuelle Bilder

„Farbinseln auf der Wiese“

Für eine kleine Gruppe von vier Patientinnen aus der geschlossenen Suchtstation hatte ich vorgesehen, dass jede ihren eigenen Ort im Gruppenkreis auf einer „Farbinsel“ gestaltet. Ausgehend von dem Wunsch, die Therapie an der frischen Luft durchzuführen, fanden wir uns auf der zur Station gehörigen, grünen Wiese im Innenhof zusammen (Abb. 5.3). Während meiner Überlegungen, Material und Sitzunterlagen für die Wiese zu organisieren, die Coronavirus-bedingten Abstandsregeln zu befolgen und eine Verbindung in der Gruppe zu ermöglichen, entstand in mir die Vision von individuellen „Inseln“ in unterschiedlichen Farben (Stanoeva, 2020). So stellte ich den Frauen für diese Übung verschiedene Stoffstücke zur Verfügung. Die Frauen suchten sich eine Farbe aus und richteten zunächst ihre eigene Farbinsel auf der Wiese ein. Anschließend begannen wir mit der Aufgabe, ein eigenes Bild zu gestalten, in dem die aktuelle Stimmung zum Ausdruck gebracht wird. Um ihnen den emotionalen Ausdruck trotz der Gesichtsmaske zu erleichtern, hatte ich Gesichter mit unterschiedlichen Emotionen vorbereitet (Understanding Feelings Set von TickiT®). Die Befindlichkeitsrunde wurde mit einem Wollknäuel eröffnet, das weitergereicht wurde, sodass trotz Abstand ein Kreis, eine Verbindung in der Gruppe, entstand. Am Ende dieser Runde wurde die Schnur vom Knäuel abgeschnitten, durch die in der Ecke vorgelochten Papierbögen gefädelt und am Ende zugeknotet. Nun erst begann die Gestaltungs-

Abb. 5.3 „Farbinseln auf der Wiese“ – Gruppenprojekt

phase, in der jede Patientin auf ihrem Bogen (Format A3) zu ihrem aktuellen emotionalen Befinden eine Form oder Farbe malte, während die entstehenden Bilder mit der Schnur im Kreis verbunden blieben. Auf diese Weise erschufen wir spielerisch einen gemeinsamen Raum, in dem eine Entwicklung im Sinne des Übergangraums gefördert wurde, den Winnicott (1971) als *Potential Space* bezeichnete. Der Schnurkreis wurde schrittweise im Uhrzeigersinn gedreht, sodass die Bilder von einer Farbinsel zur nächsten wanderten, bis jede auf allen Blättern etwas hinzugefügt hatte. Das Bild kam zurück zur ursprünglichen Autorin des Bildes, die abschließend etwas hinzufügen und auch das Bild noch verändern konnte.

5.1.3 Psychodynamik der Kleingruppe

„Wenn ich zu Staub werde, möchte ich mit dem Meer verschmelzen!"
Ich arbeitete mit einer kleinen Gruppe von drei Personen, die an einem großen Arbeitstisch im Atelier Platz nahmen. Als Therapeutin setzte ich mich ebenfalls an den Tisch, indem ich intuitiv eine Position (Position *D*, Abb. 5.4) wählte, die die räumliche Anordnung der Dreiergruppe ausbalancierte, und beobachtete zunächst die Arbeitssituation. Der Patient, der zu meiner rechten Seite saß, modellierte mit Ton (Position *C*). Er formte kleine Kugeln aus dem Material und stapelte sie so übereinander, dass sie zusammen ein Objekt bildeten. Bei dieser Arbeit schien der Schwerpunkt auf dem Thema „Gleichgewicht" zu liegen – das Finden des Gleichgewichts zwischen den einzelnen Kugeln, die sich in der Konstruktion aneinander anlehnten und miteinander interagierten. Der Patient arbeitete langsam und genau, wobei er das Material in einem fast meditativen Zustand sorgfältig behandelte. Dabei wirkte er ruhig, konzentriert, kontrolliert und zentriert.

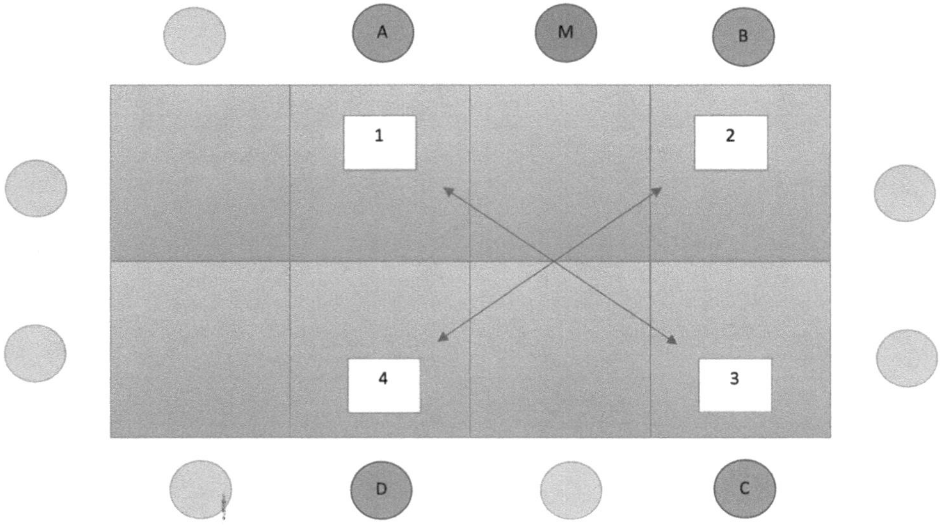

Abb. 5.4 Sitzordnung am Arbeitstisch

Die Patientin mir gegenüber (Position *A*) arbeitete ebenfalls an einer plastischen Arbeit. Es handelte sich um eine Figur aus Draht, deren Konstruktion von innen mit Zeitungspapier verstärkt und außen mit Hilfe von Gipsbinden in Form ausmodelliert wurde. Bei dem Objekt handelte es sich um eine Comic-Figur, die mit weit aufgerissenem, „brüllenden" Mund dargestellt wurde. Die Gestalt erweckte den Anschein eines weinenden Kindes, das Beruhigung und Schutz braucht. Die Patientin trug die vorbereiteten Streifen Gipsbinden sehr vorsichtig und behutsam auf ihr Objekt auf. Sie arbeitete langsam und sorgfältig und war dabei fokussiert, achtsam und präzise.

Die beiden bisher beschriebenen Patient*innen saßen sich am Tisch schräg gegenüber (Positionen *A* und *C*). Beide schufen dreidimensionale Objekte und waren völlig vertieft und sichtbar eingetaucht in den kreativen Prozess der plastischen Arbeit.

Der dritte Patient in der anderen Ecke des Tisches (Position *B*) wählte Aquarellfarben für seine Arbeit aus. Er verwendete nur die schwarze Farbe in seinem Bild. Die Kunsttherapeutin saß ihm schräg gegenüber (Position *D*) und beobachtete aufmerksam, wie sich das Schwarz auf das Blatt ausbreitete und an Platz und Gewicht auf dem Tisch gewann. Dennoch konnte sie das entstehende Bild noch nicht deutlich erkennen. So öffnete ich mich für meine Wahrnehmungen, griff intuitiv die Aquarellfarben als Material auf und begann mit der Gruppe zu malen.

Der erste Schritt bestand darin, den Patienten im Prozess zu spiegeln, indem das Material und die Verortung im Raum einbezogen wurden. In dieser Phase des Prozesses gab es noch kein „Warum" und keine logische Erklärung dafür, was im Raum zwischen den Teilnehmenden und der Therapeutin geschah. Ihrer Intuition vertrauend begann die Kunsttherapeutin, zusammen mit der Kleingruppe zu arbeiten und ihre Aufmerksamkeit auf die spürbaren emotionalen Erfahrungen im Raum zu lenken. Sie beobachtete, wie der Patient auf Position *B* die Farbe Schwarz von oben nach unten auf das Blatt auftrug, und begann, mittig im Blatt kreisförmige Bewegungen mit dem Aquarell zu machen. Dabei verwendete sie die gegensätzliche Farbe Gelb in ihrem Bild. Nach und nach erschienen um das gelbe Zentrum herum weitere bunte Kreise unterschiedlicher Intensität. Diese zentrierten und balancierten das Bild und lenkten den Fokus auf die Mitte des Blattes. Im weiteren Verlauf der kreativen Phase teilte der Patient mit, dass er den Sensenmann als einen „wohlwollenden Begleiter" in seinem Leben malte. Das war der Augenblick, an dem die Therapeutin eine Veränderung der Stimmung wahrnahm und das Malen unterbrach. An diesem Punkt spürte sie, dass sie nicht an ihrem Platz sitzen bleiben konnte, da der Patient sich im Prozess zu öffnen begann.

Die Kunsttherapeutin ließ ihre Zeichnung auf dem Tisch liegen und ging langsam durch den Atelierraum, sich der Position B langsam annähernd. In diesem Moment wurde ihr Werk zu ihrer Repräsentanz: An dem Ort, an dem die Therapeutin bis vor kurzem gearbeitet hatte, blieb das Bild als ein Teil von ihr, zugleich ein Ersatz für sie. In diesem Sinne hielt einerseits ihre Gestaltung das Gleichgewicht in der Viererkonstellation aus zwei plastischen Objekten und zwei Aquarellen auf bildnerischer Ebene aufrecht. Andererseits gewann das Bild in den Prozessen der Übertragung und Gegenübertragung an Bedeutung und diente gleichsam als eine Art Verankerung im Raum.

Meine Darstellung stellte ein Gegengewicht zur Energie am Arbeitstisch dar, wobei nicht nur die Farbkontraste, sondern auch die oppositionellen Bewegungen meiner Hand signifikant waren. Dank meinem Bild waren die Arbeiten in einer quadratischen ausbalancierten Konstruktion eingebunden, im Gegensatz zu einer dreieckigen Konstellation zwischen den Patient*innen, bei der das Gewicht der schwarzen Darstellung in einer der Ecken zu massiv geworden wäre. Selbst die beiden plastischen Arbeiten hätten das Gewicht nicht tragen können, da die dominante schwarze Farbe und die intensive emotionale Aufladung des Todesthemas alles um sich herum absorbiert hätten. Gleichzeitig schützte mein Bild die anderen im Raum, indem es eine affektive Überflutung verhinderte. Entlang der Diagonalen des Arbeitstisches schuf meine Zeichnung einen Gegenpol, indem das leuchtend gelbe Zentrum und die konzentrischen Farbkreise einen Kontrast in der Kommunikation aufrechterhielten. Als zusätzlicher Teilnehmer hielt das Bild die Konstruktion am Arbeitstisch, während gleichzeitig der Kreis die Energie an einem Ort zentrierte.

Die Intervention der Kunsttherapeutin könnte hier als eine Aufspaltung interpretiert werden: Die Therapeutin teilte sich auf, um in den Gruppenprozessen in verschiedenen Rollen zu agieren. Sie hinterließ etwas als Ersatz für sich selbst im Raum, am gemeinsamen Arbeitstisch und im geteilten Gruppenfeld. Die Therapeutin verortete sich in ihrer eigenen Gestaltung, indem sie die Farben und das Motiv des Bildes auswählte, dann verortete sie sich im Raum und im Gruppenprozess durch die bildnerische Ebene und lenkte anschließend die Prozesse durch ihr aktives Handeln. Ein Teil von ihr blieb statisch, ein anderer dagegen bewegte sich durch den Raum, näherte sich dem Patienten und ließ sich die Geschichte des schwarzen Bildes erzählen. Auf diese Weise schuf die Therapeutin ein statisches und ein bewegliches therapeutisches Selbst, zwei *Ego-States*, die ihr erlaubten, in ihrer Wahrnehmung und Handlung flexibel und offen für die psychodynamischen Prozesse zu bleiben.

Als der betreffende Patient über den Tod und seine gescheiterten Suizidversuche zu sprechen begann, setzte sich die Kunsttherapeutin neben ihn (Metaposition *M*) hin und hörte aufmerksam zu. Der Patient öffnete ein Feld der Interaktion und die Therapeutin bot ihm einen Raum für ein Tabuthema, indem sie den Rahmen hielt: einerseits auf der kognitiven Ebene durch das Gespräch, andererseits auf der emotionalen Ebene durch das bereits auf dem Arbeitstisch platzierte Bild. Der Mann brachte seine Hoffnungslosigkeit, Lebensmüdigkeit und Hilflosigkeit zum Ausdruck, die aus seiner schweren neurologischen Erkrankung resultierten. Traumatische Inhalte bezüglich spezifischer Suizidversuche oder damit verbundener schmerzhafter Erfahrungen teilte er nicht ausführlich mit. Die Therapeutin beleuchtete das Thema Tod aus einer spirituellen Perspektive. An diesem Punkt erlaubte sie einen Zugang zu sich selbst als Mensch und teilte ihre eigenen Erfahrungen mit Spiritualität und Meditationspraktiken. Als Bezugsperson des Augenblickes musste sie präsent sein und gemeinsam mit dem Patienten die offenbarten intensiven Emotionen aushalten. Fragen wie „*Gibt es eine Seele?*", „*Was geschieht nach dem Tod?*", „*Wie möchte ich beerdigt werden?*" eröffneten eine philosophische Diskussion und damit eine neue Perspektive. Irgendwann war der Patient in der Lage, einen Wunsch zu äußern: „*Wenn ich zu Staub werde, möchte ich mit dem Meer verschmelzen!*"

Indem die Kunsttherapeutin das Thema aus einer spirituellen Perspektive beleuchtete, motivierte sie den Patienten dazu, sowohl seinem Leben als auch dem Tod einen Sinn zu geben.

Die Auswirkung des therapeutischen Handelns konnte sowohl auf bildnerischer als auch auf intersubjektiver Ebene registriert werden. Mit meiner Arbeit war ich in der Lage, eine zusätzliche teilnehmende „Figur“ einzuführen, die die notwendigen Ressourcen im Prozess zur Verfügung stellte, um der emotionalen Stimmung im Raum entgegenzuwirken. Außerdem konnte ich verschiedene Rollen integrieren, die im jeweiligen Moment benötigt wurden, wie z. B. die gute Mutter, die wohlwollende Begleiterin, die Beschützerin, die Helferin usw.

5.2 Mit dem/der Patient*in im Einzelsetting zusammen arbeiten

5.2.1 Falldarstellung von Herrn H.

Im Folgenden wird der kunsttherapeutische Prozess eines 50-jährigen Mannes vorgestellt, der mit einer Depression in der Psychosomatik in Behandlung war.

„Die Höhle“
Es handelt sich um eine Darstellung zum Thema „Die Höhle“, die mit Kohle und Aquarell ausgeführt wurde (Abb. 5.5). Durch die Komposition, aber auch durch den intensiven Hell-Dunkel-Kontrast vermittelt das Bild eine verstärkte Wahrnehmung von Innen und Außen. Im Vordergrund steht eine menschliche Figur, die dem Betrachtenden den Rücken zuwendet und in Richtung einer Öffnung blickt, aus der das Licht einströmt. Die Darstellung ist perspektivisch sehr zentriert und lenkt den Fokus auf die Mitte, was auch das Motiv spürbar vergrößert. Die Holzkohle verleiht der Zeichnung Farbsättigung und Kontrast, aber auch Plastizität und Struktur, sodass wir als Betrachter*in ein Gefühl für die Beschaffenheit der Steine bekommen. Das Bild deutet auf einen natürlichen geschlossenen Ort, also auf eine Höhle oder einen Tunnel hin. Unsere Wahrnehmung erfasst die massiven Felsen, die Enge und die Dunkelheit innerhalb dieses Ortes. Hinter der Figur befindet sich eine Öffnung, eine Lichtquelle, die aber mit einem Metallgitter verschlossen ist. Als außenstehende Betrachtende nehmen wir die folgenden Gegensätze im Bild wahr: innen-außen, hell-dunkel, eng-weit.

Durch den starken Farbkontrast entsteht bei der Betrachtung des Bildes das Gefühl von Enge im geschlossenen Raum. Bei der Reflexion des Bildes assoziiert es der Patient mit einem Gefühl der Hoffnungslosigkeit. Der Wunsch und die Sehnsucht der dargestellten Figur, aus dem geschlossenen, begrenzten und dunklen Raum herauszukommen und das Licht zu erreichen, werden im Gespräch spürbar. Alles, was die Figur bräuchte, wäre ein spezielles Werkzeug, um die Öffnung vom Gitter zu befreien und sich einen Weg nach vorne zu bahnen.

Wenn wir das Bild interpretieren, könnten wir behaupten, dass der Ausdruck ziemlich ambivalent erscheint. Einerseits drückt die Darstellung eine ausweglose Situation aus, es gibt eine sichtbare Einschränkung, die den Menschen daran hindert, das Licht zu erreichen. Andererseits bringt die Art der Gestaltung etwas Kraftvolles, Energetisches und Hoffnungsvolles zum Ausdruck. Sich aus dieser Situation zu befreien, setzt ein aktives Handeln sowie Geschick seitens der eingeschlossenen Figur voraus. Bezogen auf die The-

Abb. 5.5 „Die Höhle" – Kohle und Aquarell, 30 × 42 cm

rapie bei Depression würden die Behandlungsziele darin bestehen, innere Ressourcen zu aktivieren und Bewegung zu initiieren, um der Stagnation und dem inneren Rückzug entgegenzuwirken.

Intervention 1 der Therapeutin mit Transparentpapier

Die Kunsttherapeutin erkannte im Bild viele Ressourcen des Patienten und spürte das Potential, die Energie in eine konstruktive Richtung zu lenken. Der erste Schritt der Therapeutin bestand darin, die gesamte Zeichnung auf Pauspapier zu übertragen, um die Situation des Patienten und die damit verbundenen emotionalen Erfahrungen nachzuvollziehen (Abb 5.6). Im zweiten Schritt der Intervention wählte sie aus allen Linien und Formen nur fünf Elemente aus, die unterschiedliche Eigenschaften aufwiesen und ihr In-

Abb. 5.6 Intervention 1a – Bild der Therapeutin, Zeichnung auf Pauspapier

Abb. 5.7 Intervention 1b – Bild der Therapeutin, Zeichnung auf Pauspapier

teresse weckten (Abb. 5.7). Hier bezog sich die Kunsttherapeutin auf die *assymetrische Spiegelbildmethode* von Gisela Schmeer (2013). Sie pauste die ausgewählten Elemente auf ein neues Blatt ab und stellte sie zur Weiterentwicklung dem Patienten zur Verfügung. Der Patient war zunächst überrascht von der Vereinfachung und Reduktion der Elemente, schien aber gleichzeitig neugierig zu sein. Dieser intuitive und spielerische Ansatz weckte sein Interesse und er nahm die Anregung als „Hausaufgabe“ mit.

„Die Insel“

Der Patient kam zur nächsten Kunsttherapiesitzung und präsentierte stolz das Ergebnis seiner Hausaufgabe (Abb. 5.8). Auf ein neues Stück Pauspapier übertrug er die fünf vorgeschlagenen Elemente und schuf mit farbigen Filzstiften ein völlig neues Bild.

Die Komposition ist dieses Mal vertikal aufgebaut, wobei der Schwerpunkt auf einer spürbaren Ausdehnung von unten nach oben liegt (eine Art Explosion). Das Felselement ist wieder präsent, aber nun ist die Bewegung nach oben gerichtet. Das abgebildete Motiv

Abb. 5.8 „Die Insel“ – Filzstift auf Pauspapier, 30 × 42 cm

dominiert eindeutig den oberen Teil des Blattes und erzeugt so das Gefühl von Gewicht und Schwere. Auffällig ist, dass ein stabiles Fundament im unteren Teil des Bildes fehlt, d. h., die Erdung, die Verwurzelung, der Boden unter den Füßen scheinen ein gutes Thema zum Weiterentwickeln zu sein. Die Ausdehnung der Insel in der Luft und die Entfaltung mehrerer verschiedener Geschichten im oberen Teil der Darstellung stellten ihre Stabilität und ihre Fähigkeit, unter dem Gewicht der Schwerkraft zu stehen, in Frage.

Im oberen Bildteil gibt es viele Elemente und kleine Details, in denen wir uns als Betrachtende verlieren könnten. Wir erhalten eine große Menge an Informationen auf einmal, ohne Zusammenhang und Konsistenz, die nicht vollständig erfasst und verstanden werden kann. Sollten wir uns in eine Richtung bewegen, so entdecken wir verschiedene Gestalten. In den Geschichten tauchen sowohl menschliche Figuren als auch Tiere oder Fantasiewesen auf. Es gibt auch viel Bewegung in der Zeichnung, aber sie ist eher chaotisch, sprunghaft und uneinheitlich. Als Betrachtende werden wir in verschiedene Richtungen des Bildes geführt, wobei wir eine Interaktion zwischen den Elementen unten und oben entdecken.

Was die Farben betrifft, so ist das Bild wesentlich farbenfroher und lebendiger als die vorherige Arbeit. Die intensiven Farben tragen zu einer reichen Farbgebung und Sättigung bei, die den vielschichtigen Charakter des Werks unterstreichen. Das zentrale Motiv – die Insel – taucht auf und wächst zum Himmel hinauf. Betrachtenden fällt es schwer, das ganze Bild in seiner Fülle zu erfassen, da wir uns leicht in den kleinen Details verlieren. Im Reichtum der Darstellung erkennt die Therapeutin die Linien nicht mehr, die als Ausgangspunkt für das Werk dienen sollten. Dies findet der Patient wiederum amüsant und genießt das Rätselhafte in seinem Bild.

Intervention 2 der Therapeutin mit Transparentpapier

Die Therapeutin blieb zunächst sprachlos und überwältigt von der Fülle des Bildes, unfähig, die einzelnen Elemente visuell vollständig zu erfassen. Auch die Entwicklung eines Prozesses im Sinne der *asymmetrischen Spiegelbildmethode* nach Gisela Schmeer schien auf den ersten Blick schwierig. Mit viel Geduld und Zeit machte sich die Kunsttherapeutin mit den Geschichten vertraut, erkundete die einzelnen kleinen Elemente und suchte nach Entwicklungspotential. Sie verbrachte mehrere Tage damit, das Bild zu studieren, bevor sie eine bildnerische Antwort schaffen konnte.

Erst nach der Erkundung einzelner Szenen konnte die Therapeutin einige Motive erkennen, die sie zur Weiterentwicklung anbieten konnte. Dabei sortierte sie Elemente wieder aus, nahm einige bildnerische Veränderungen vor und gab dem Patienten an einigen Stellen Anregungen für eine Entwicklung (Abb. 5.9). Beispielsweise suchte die Therapeutin nach ähnlichen Elementen, die sie näher zusammenbrachte und in Beziehung zueinander setzte als Möglichkeit, einen bildlichen Dialog zu initiieren. Während im untern Teil der Zeichnung der Planet Saturn zu sehen war, lief im oberen Teil ein Komet über das Schloss. In ihrer Intervention brachte die Kunsttherapeutin sie zueinander, mit der Idee, einen Dialog zwischen den ähnlichen Elementen zu beginnen. Dasselbe tat sie auch mit anderen Motiven: die Pizza und das fliegende Pizzaauto; die Prinzessin, die vom Turm herabstieg, klet-

Abb. 5.9 Intervention 2 – Bild der Therapeutin, Zeichnung auf Pauspapier, 30 × 42 cm

terte die Strickleiter des Heißluftballons hinauf und ergriff die Flucht; der Adler und der kleine Prinz flogen näher an der Erde heran, um nach Landemöglichkeit zu suchen usw.

Der Patient war danach überwältigt, weil sich die Therapeutin so viel Zeit für ihn genommen und alle Elemente der Zeichnung auf Pauspapier übertragen hatte: „Wenn ich gewusst hätte, was Sie vorhaben, hätte ich weniger gezeichnet", sagte er.

„Die drei Geier"

Der Patient kam zur Kunsttherapie und brachte erneut seine „Hausaufgabe" mit: ein neues Bild war als Antwort auf die Therapeutin entstanden (Abb. 5.10). Dieses Mal ent-

Abb. 5.10 „Die drei Geier“ – Filzstifte auf Pauspapier, 30 × 42 cm

wickelte sich die Geschichte in kleinen Bildsequenzen wie ein Comic. Eine Reihe von kleinen Zeichnungen wurden durch eine zusammenhängende Erzählung zusammengefügt. Eines der vielen kleinen Elemente in der Zeichnung wurde hier besonders hervorgehoben: Die drei Geier spielen eine wichtige Rolle in der Geschichte! Der Patient stellte mit diesem Motiv die Fachtherapeutinnen (Musik-, Kunst- und Ergotherapeutin) dar. Sie seien Beobachtende, Begleitende und „jemand, der dir in den Hintern tritt und dich auffordert, etwas zu tun", so der Mann. Deshalb spielten sie eine besondere Rolle auch in seinem Comic. In diesem Bild entstand eine kohärente und systematische Geschichte, im Gegensatz zu den chaotischen Sprüngen von Szene zu Szene, von Geschichte zu Geschichte.

Durch die Aufteilung der Darstellung in einzelne aufeinanderfolgende Szenen gelang es dem Patienten, Bewegung und Dynamik einzuführen und eine neue Geschichte zu entwickeln. Hier zeigt er wirklich etwas von sich und seinen Ressourcen, indem er selbst Protagonist in der Handlung wird und Humor demonstriert. Die Bewegung im Bild ist fortlaufend, die einzelnen Elemente sind miteinander verbunden und in eine Geschichte integriert.

In dieser Zeichnung spüren wir eine bedeutende Veränderung bei dem Patienten, vielleicht eine neue Einsicht in sein Werk. Indem er Nähe und Distanz in den Bildern nutzt, eröffnet er eine neue Perspektive auf seine Geschichte. Gleichzeitig wird spürbar, dass es ihm gelungen ist, an seine inneren Ressourcen anzuknüpfen, indem er Kreativität und Einfallsreichtum demonstriert.

5.3 Selbstfürsorge der Therapeut*innen: Wie die Kunst der Antwort das Unerträgliche enthält

5.3.1 Künstlerische Bearbeitung eines in der Therapie aufkommenden Themas nach Supervision

Falldarstellung 1

Im Folgenden werde ich eine konkrete Situation mit einer Patientin in der Klinik für Psychiatrie und Psychosomatik schildern. Es handelt sich um eine Frau Anfang 60, die auf der Traumastation war. Zusätzlich wurde eine deutlich ausgeprägte Depression nachgewiesen. Die Patientin wirkte antriebslos und gedrückt, vermied den Blickkontakt mit der Kunsttherapeutin. Im Kontakt war die Frau extrem zurückhaltend, kontrolliert im Umgang mit den Kunstmaterialien und verwendete in der Therapiesitzung nur Buntstifte. Sie brachte eine für diesen Zweck vorbereitete Vorlage mit und begann diese auszumalen. Die Therapeutin versuchte mit der Patientin in Kontakt zu kommen und eine Verbindung herzustellen. Vorsichtig begann sie ein Gespräch über ihre Ressourcen, um diese in den therapeutischen Prozess integrieren zu können. Die Patientin nannte ihr Haustier und den Wunsch, Musikinstrument spielen zu lernen, als wertvolle Ressourcen in ihrem Leben. Dabei begann sie zu klagen, dass sie keine Freude am Leben hätte: „Niemand mag mich." „Das war schon immer so!", sagte sie. „Ich hatte keine Freunde in der Schule, meine Arbeitskollegen mochten mich nicht, meine Kinder mögen mich jetzt nicht …", fuhr die Patientin fort.

Ohne ins Detail zu gehen, bezeichnete die Frau die Beziehung zu ihren Kindern als kompliziert und schwierig. Ihr ganzes Leben lang musste sie funktionieren: Ihre Kinder allein groß ziehen, arbeiten und das Leben finanzieren.

Während sie erzählt, malt die Frau ihre Malvorlage aus. Dabei wird der Wunsch nach Leichtigkeit in ihrem Bild deutlich spürbar. Es zeigt einen Koala, der auf einen Baum klettert. Der Baum ist jedoch so fein und dünn wie ein Zweig und würde das Gewicht des Tiers nicht aushalten können und droht abzubrechen.

Im Prozess der Patientin spürte die Kunsttherapeutin immer eindeutiger, wie schwer es ihr selbst fiel, zu atmen. Ein großes Gewicht setzte sich in ihrer Brust fest, selbst ihre Gliedmaßen – Arme und Beine – fühlten sich schwer an. Auf körperlicher Ebene nahm die Kunsttherapeutin Erschöpfung und Kraftlosigkeit wahr, auf emotionaler Ebene spürte sie Schwere, Hilflosigkeit und Ausweglosigkeit. Die Therapeutin war sich der Übertragung im Prozess bewusst und griff zur Klangschale zum Abschluss der Stunde, um die Schwingung zu verändern. Dennoch blieben die körperlichen Symptome auch nach der Therapiesitzung spürbar, obwohl die Therapeutin verschiedene Strategien für Selbstfürsorge anwendete.

Nachfolgend nahm die Therapeutin an einer Intervision teil und erörterte mit dem Team die Phänomene der Übertragung und Gegenübertragung. Die Kolleg*innen bestätigten die schwere Depression sowie die Schwierigkeit, die Patientin zu motivieren und realistische Ziele in der Therapie zu setzen. Einige Tage später dachte die Kunsttherapeutin immer noch über den Fall der beschriebenen Patientin nach und konnte die körperlichen Symptome noch nicht ganz ablegen. Sie beschloss, eine Einzelsupervision in Anspruch zu nehmen, um persönliche Themen im Zusammenhang mit dem Fall reflektieren und deren (Re) Aktivierung im therapeutischen Prozess ansprechen zu können.

Auch nach der Reflexion der Themen und der bewussten Unterscheidung zwischen dem Eigenen und dem Fremden, klangen die ausgelösten Emotionen und körperlichen Manifestationen nicht vollständig ab.

Es zeigte sich immer deutlicher das Bedürfnis nach spezifischen Methoden für Kunsttherapeut*innen und nach individueller Sprache der Reflexion, da das Gespräch der Supervision nicht immer ausreicht. Kunsttherapeut*innen arbeiten vorrangig mit dem bildnerischen Medium auf einer nonverbalen Ebene und haben damit andere Wege, emotionales Erleben zum Ausdruck zu bringen. Die Therapeutin nahm sich bewusst Zeit, sich in den Prozess der Übertragung und Gegenübertragung erneut zu vertiefen und als erster Schritt die Themen der Patientin bildnerisch aufzugreifen. Durch den kreativen Prozess versuchte sie, den entstandenen Emotionen Ausdruck zu verleihen und das Gewicht des Gesprächs auf ein Bild zu übertragen, um so die Hilflosigkeit, Verzweiflung und Hoffnungslosigkeit der Situation der Patientin darzustellen (Abb. 5.11). Durch die bildnerische Darstellung, durch das Sichtbar- und Bewusstwerden des Erlebens können wir es in einem zweiten Schritt verändern. Der kunsttherapeutische Prozess hat alle nötigen Qualitäten, die die Verarbeitung und Transformation schwieriger emotionaler Zustände unterstützen.

Abb. 5.11 Bild der Kunsttherapeutin, Acryl auf Papier, 70 × 100 cm

Blickend auf das weiße Blatt Papier wollte ich die Schwere in meiner Brust loswerden, die seit Tagen meinen Atem hinderte. Ich konnte spüren, wie sich schwere, negative Gefühle in meinem Körper eingenistet hatten und mich quälten. Sie zogen mich spürbar in einen dunklen Abgrund, aus dem ich mich kaum selbst befreien konnte. Diese Steine schienen mit starken Seilen an meinen Beinen und Armen festgebunden zu sein und machten mich bewegungs- und handlungsunfähig. Innerlich wusste ich, dass ich mich im Hier und Jetzt auf ein Gespräch mit dem weißen Blatt begeben müsste, um mich von ihnen befreien zu können. Durch die eigene schöpferische Kraft und mit Hilfe der Künstlerin in mir wollte ich meine Fähigkeiten wiedererlangen.

Spontan griff ich nach der schwarzen Kohle und begann mit schnellen, intensiven Handbewegungen zu zeichnen. Die Kohle als Material gab mir die Kraft des Kontrasts und der Dichte der Linie, die ich anstrebte, wiederzugeben. Zunächst wollte ich meine Wahrnehmungen und Gefühle ausdrücken, die schweren und negativen Emotionen, die ich aus dem Gespräch mit der Patientin in mir gespeichert hatte, also begann ich mit den dickflüssigen Acrylfarben zu experimentieren. Später veränderte ich das Bild intuitiv, indem ich der spontanen Entwicklung des kreativen Prozesses folgte.

Was brauche ich im Moment? Wie gehe ich mit der greifbaren Last um? Wie kann ich mehr Leichtigkeit erreichen? Bewegung! – Wie schaffe ich Bewegung im Bild? Ich fing an, mir viele Steine vorzustellen, und dann kam sofort die Assoziation eines Flusses auf: Wasser, Wasser in Bewegung! Stein ist als Material schwer und dicht, aber bewegtes Wasser formt den Stein, verändert seine Oberfläche, glättet ihn, kann ihn sogar bewegen …

Dabei wurden die Acrylfarben nach und nach immer mehr verdünnt und die Farbübergänge immer fließender. Das Wasser lief in farbigen Rinnsalen über das Papier auf die angemalten Steine und veränderte so deren Form im Bild, aber auch im Inneren … Dadurch

schuf ich einen Bewegungsfluss: Die Steine sind mit ihrem Gewicht und ihrer Dichte noch da, sie sind nicht verschwunden, aber das „blaue" Wasser fließt über und zwischen ihnen.

Indem ich Dynamik und Bewegung in das Bild brachte, konnte ich die Darstellung, aber auch die körperlichen Empfindungen verändern. Ich bin mir zunehmend bewusst, dass zwei wichtige Schritte im kreativen Prozess notwendig sind – die emotionale Erfahrung darzustellen, um die von mir wahrgenommene Schwere und Hilflosigkeit (Ausgangspunkt) auszudrücken, aber auch, um ihnen durch das Material im kreativen Prozess entgegenzuwirken und Bewegung und Veränderung zu initiieren.

Und genau darin liegt das Potential der Kunsttherapie – zu verändern![1]

In der oben beschriebenen Situation zeigen sich die Vorteile und spezifischen Wirkfaktoren der Kunsttherapie gegenüber der Gesprächstherapie. Das Bewusstwerden einer Problemsituation und dieAuseinandersetzung mit ihr in der Supervision in Form von Gesprächen reichen oft nicht aus. Nicht selten ist es notwendig, zusätzlich auf verschiedene Techniken der Selbstreflexion zurückzugreifen, einschließlich der Verarbeitung der Erfahrungen auf körperlicher, emotionaler oder bildnerischer Ebene.

5.3.2 Künstlerische Auseinandersetzung mit einem in der Therapie entstandenen Thema unmittelbar nach der Therapiesitzung

Falldarstellung 2

Bezug nehmend auf Abschn. 5.1.3 und die dargestellte Situation einer Patientengruppe aus meiner klinischen Praxis möchte ich hier eine weitere kunsttherapeutische Intervention im Sinne von *Response Art* näher betrachten. Es geht um einen Patienten mit depressiver Symptomatik und passiven Suizidgedanken im tagesklinischen Setting der Psychosomatik. Der Mann hat eine Parkinson-Erkrankung mit eingeschränkter Lebensqualität und reduzierter Lebenserwartung. Es handelt sich hier um den Patienten in der kleinen therapeutischen Gruppe, der mit schwarzer Farbe den Sensenmann als „wohlwollenden Begleiter" darstellte. Sowohl mit seinem Bild als auch mit der begleitenden Erzählung drückte der Mann seine Gefühle von Hoffnungslosigkeit und Ausweglosigkeit aus. Während der Kunsttherapie vertraute er der Therapeutin seine Erfahrungen mit Selbstmordversuchen an und teilte mit, dass er keine Angst vor dem Tod hätte.

Während ich meine Sinne auf die Wahrnehmung des Patienten kurz vor den Weihnachtsfeiertagen ausrichtete, bestand meine Aufgabe darin, herauszufinden, ob der Mann erneut suizidgefährdet war. Verschiedene Emotionen wie Traurigkeit, Wut, Angst und Einsamkeit waren spürbar, aber der Patient vermied es, darüber zu sprechen.

Wie bereits in Abschn. 5.1.3 beschrieben, spielte die Präsenz der Kunsttherapeutin in dieser Situation eine wichtige Rolle bei der Aufrechterhaltung des therapeutischen Raums, da sie in verschiedenen Rollen agierte. Indem sie eine bildnerische Repräsentanz für sich

[1] Auszug aus dem persönlichen Tagebuch der Autorin.

schuf, beeinflusste die Therapeutin den kreativen Prozess. Nachfolgend steuerte sie den Verlauf durch ihre Bewegung im Raum.

Der Patient erzählte, sein Leben habe keinen Sinn und nichts mache ihm mehr Freude. Er behauptete, das Leben sei nicht lebenswert, und wertete sich und seine Existenz ab. Des Weiteren wurde das therapeutische Gespräch auf eine spirituelle Ebene gelenkt.

Nach der Sitzung dachte die Therapeutin weiter über das Thema Tod und den konkreten Fall nach. Sie beschloss, sich mit diesem Thema, das selbst in der Psychiatrie noch ein Tabu ist, eingehend zu beschäftigen und die registrierten Emotionen malerisch aufzugreifen. Im kreativen Prozess war der leitende Impuls, mit Wertschätzung und Dankbarkeit für das Wunder des Lebens, eine positive, liebevolle Haltung zu schaffen. Die Kunsttherapeutin versuchte die intensiven Emotionen, das destruktive und selbstverletzende Verhalten sowie die von ihr wahrgenommene Schwere und Hoffnungslosigkeit bildnerisch zum Ausdruck zu bringen. Daraufhin änderte sie die Arbeit ab und begann, ein positives und ganzheitliches Objekt zu erschaffen, indem sie die folgenden Botschaften schrieb: *„Ich bin geliebt"*, *„Ich bin ganz"*, *„Ich bin gesund"*, *„Ich habe ein Recht auf Leben"*, *„Ich will leben"* usw. (Abb. 5.12).

Die Therapeutin dokumentierte fotografisch die Phasen des künstlerischen Prozesses und spielte diese nachträglich als eine Videoaufnahme ab. Abb. 5.13, 5.14, 5.15, 5.16, 5.17, 5.18, 5.19, 5.20, 5.21, 5.22, 5.23, 5.24, 5.25, 5.26 und 5.27 veranschaulichen, wie sich so ein künstlerischer Prozess entwickelt. Bei der Betrachtung fiel ihr etwas Interes-

Abb. 5.12 Bild der Kunsttherapeutin (Detail), Acryl auf Papier

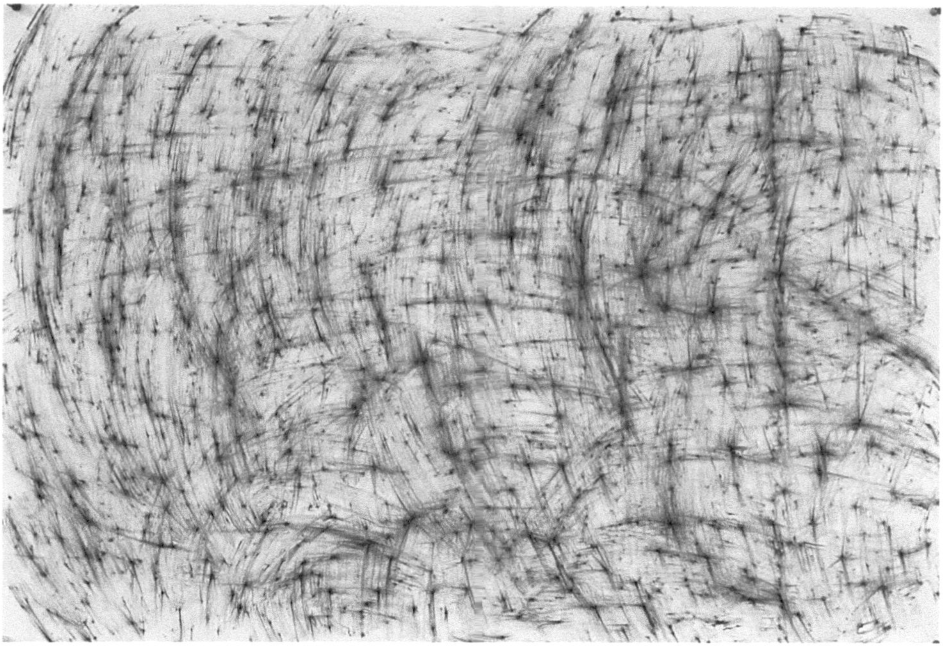

Abb. 5.13 Schritt I: Künstlerische Arbeitsphase 1

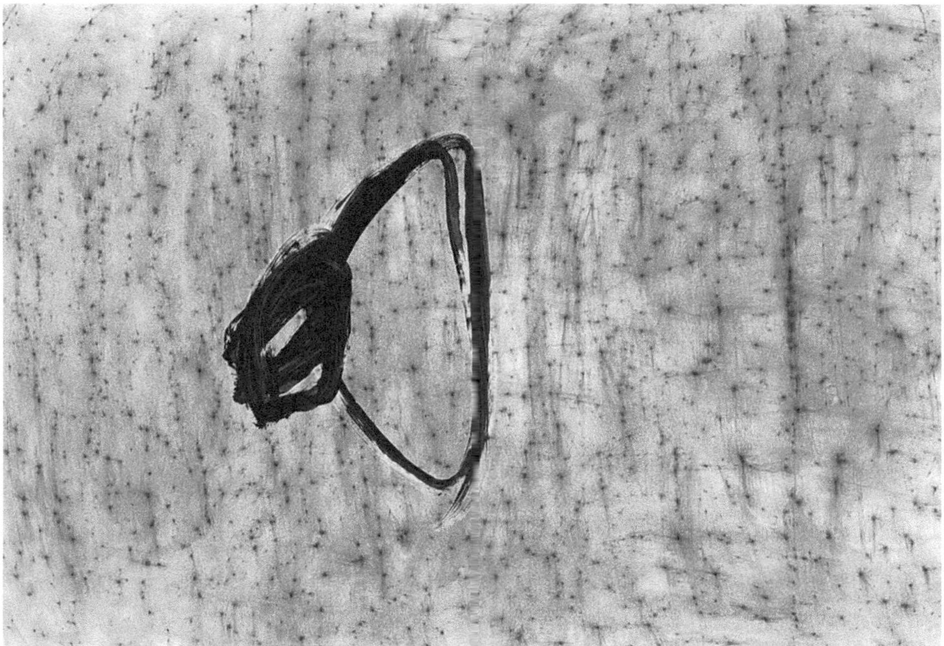

Abb. 5.14 Schritt I: Künstlerische Arbeitsphase 2

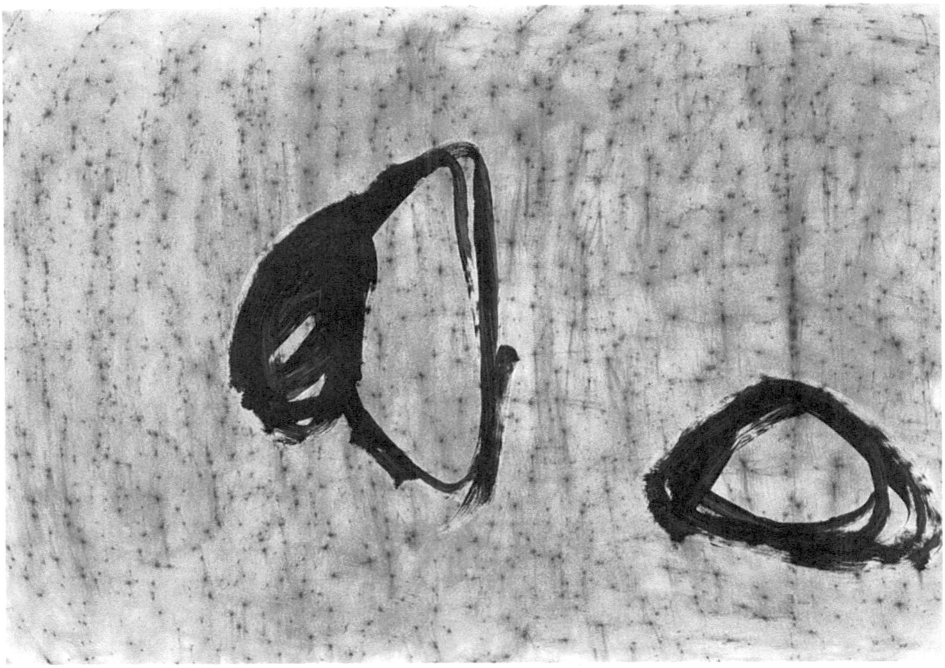

Abb. 5.15 Schritt I: Künstlerische Arbeitsphase 3

Abb. 5.16 Schritt I: Künstlerische Arbeitsphase 4

Abb. 5.17 Schritt I: Künstlerische Arbeitsphase 5

Abb. 5.18 Schritt I: Künstlerische Arbeitsphase 6

Abb. 5.19 Schritt I: Künstlerische Arbeitsphase 7

Abb. 5.20 Schritt I: Künstlerische Arbeitsphase 8

Abb. 5.21 Schritt I: Künstlerische Arbeitsphase 9

Abb. 5.22 Schritt I: Künstlerische Arbeitsphase 10

Abb. 5.23 Schritt I: Künstlerische Arbeitsphase 11

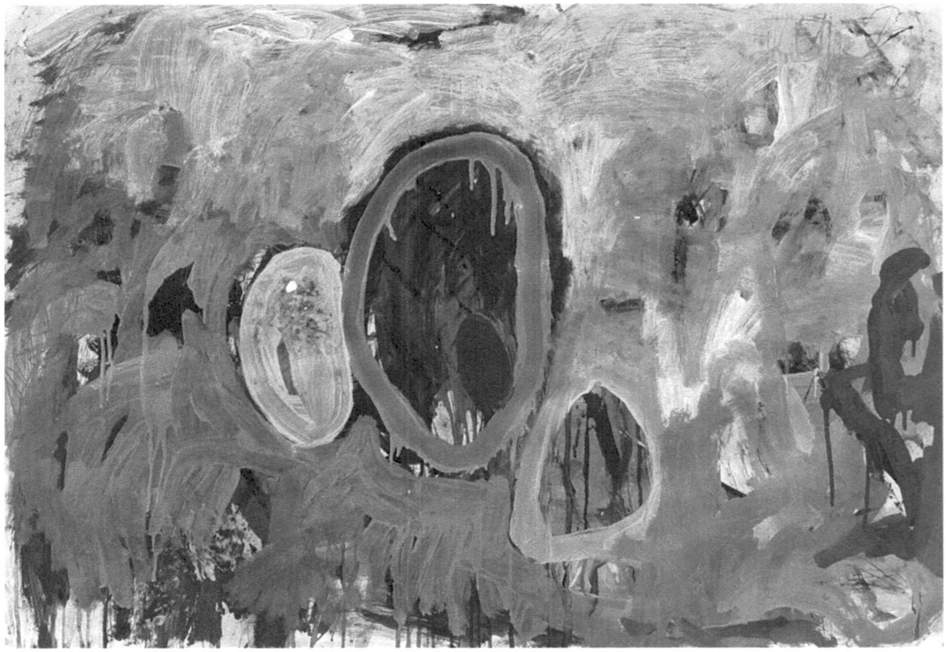

Abb. 5.24 Schritt I: Künstlerische Arbeitsphase 12

Abb. 5.25 Schritt I: Künstlerische Arbeitsphase 13

Abb. 5.26 Schritt I: Künstlerische Arbeitsphase 14

Abb. 5.27 Schritt I: Endphase

santes auf: In den Bildern 5.17 und 5.18 tauchte eine Figur auf, die die Künstlerin im Prozess nicht bemerkte und in den folgenden Schritten verschwinden ließ, d. h., die Gestalt hatte keine Gelegenheit, sich zu entwickeln. So beschloss die Kunsttherapeutin, einen neuen Raum zu eröffnen und der Figur die Möglichkeit zu geben, sich zu entfalten. Die Abb. 5.28, 5.29, 5.30, 5.31, 5.32 und 5.33 veranschaulichen die nächste kreative Phase, in der eine neugierige und positiv wirkende Figur entsteht, die ein „wohlwollender Begleiter" im therapeutischen Prozess sein könnte.

Der beschriebene Fall ist ein anschauliches Beispiel dafür, wie wir, als Kunsttherapeutinnen und Kunsttherapeuten, künstlerische Ausdrucksformen nutzen können, um die Affekte unserer Klient*innen nachzuempfinden, zu containen und das transformative Potential der Kunst in die Therapie einzubringen.

Abb. 5.28 Schritt II: Künstlerische Arbeitsphase 1

Abb. 5.29 Schritt II: Künstlerische Arbeitsphase 2

Abb. 5.30 Schritt II: Künstlerische Arbeitsphase 3

Abb. 5.31 Schritt II: Künstlerische Arbeitsphase 4

Abb. 5.32 Schritt II: Künstlerische Arbeitsphase 5

Abb. 5.33 Schritt II: Endphase

5.4 Zusammenfassung

Die vorliegenden Beispiele zeigen anschaulich den therapeutischen Ansatz von *Response Art* (Fish, 2012, 2019) sowohl als Begleitung der Prozesse als auch als Unterstützung im Sinne der Selbstfürsorge der Therapeut*innen. *Response Art* kann im Umgang mit starken Gefühlen helfen, die im Rahmen der Therapie wahrgenommen oder geweckt werden. Somit erscheint das aktive Anknüpfen an die eigenen künstlerischen Fähigkeiten eine sinnvolle Strategie der Kunsttherapeut*innen für Selbstregulation und Resilienz. Wie bereits von Gary Nash (2020) beschrieben, sind Bilder der Therapeut*innen, die nach der Therapie entstehen, ein unmittelbarer visueller Ausdruck der wahrgenommenen Affekte. Es handelt sich somit um eine Reaktion der Kunsttherapeut*innen, die aus der komplexen, vielschichtigen Kommunikation resultieren (Stanoeva, 2022). Laut Lachman-Chapin (1979) dient das Bild des Therapeuten bzw. der Therapeutin als Selbstobjekt und kann mehr Empathie sowie Introspektion fördern. Sie schlug vor, dass die Kunsttherapeutin zusammen mit den Klient*innen Kunst machen und ihre „own art as a kind of mirroring response" modellieren sollte (Lachman-Chapin, 1979, S. 8). Dieser Einsatz von Kunst als Antwort während der Sitzung entspricht dem aktiven Zuhören in den verbalen Therapien, meint Lachman-Chapin. Nicht zuletzt bietet den Kunsttherapeut*innen die Arbeit in der *Response Art* die Möglichkeit, den therapeutischen Prozess bei der Auseinandersetzung mit schwierigen Themen selbst zu steuern. Durch das therapeutische Handeln oder Nichthandeln erfüllen wir unterschiedliche Rollen, die auch die Antwort selbst beeinflussen. Je nach Situation, Krankheitsbild oder Phase der Behandlung können wir spiegelnd, stabilisierend oder konfrontierend antworten.

Literatur

Fish, B. J. (2012). Response Art: The Art of the Art Therapist. *Art Therapy: Journal of the American Art Therapy Association, 29*(3), 138–143.

Fish, B. J. (2019). Response Art in Art Therapy: Historical and Contemporary Overview. *Art Therapy: Journal of the American Art Therapy Association, 36*(3), 122–132.

Lachman-Chapin, M. (1979). Kohut's theories on narcissism: Implications for art therapy. *American Journal of Art Therapy, 19*(3), 3–8.

Nash, G. (2020). Response art in art therapy practice and research with a focus on reflect piece imagery. *International Journal of Art Therapy, 25*(1), 39–48. https://doi.org/10.1080/17454832.2019.1697307

Schmeer, G. (2013). Resonanz und Verfremdung. Unbewusstes und absichtliches Ausscheren aus der Spiegelresonaz. In G. Dammann & T. Meng (Hrsg.), *Spiegelprozesse in Psychotherapie und Kunsttherapie* (S. 256–275). Vandenhoeck & Ruprecht.

Stanoeva, A. (2018). Bewegung. Verortung. Abgrenzung. Gruppendynamische Prozesse in der Kunsttherapie bei Menschen mit Borderline-Persönlichkeitsstörung. *Musik-, Tanz- und Kunsttherapie, 2018*(1), 72–94.

Stanoeva, A. (2020). COVID-19: How to Move at a Standstill. *Polyphony*. http://polyphony.iacat.me/covid-19-how-to-move-at-a-standstill

Stanoeva, A. (2022). The art is present? – Neue Kommunikationswege und Präsenz in Zeiten von COVID-19. *Kunst & Therapie, 2022*, 40–58.

Winnicott, D. W. (1971). *Playing and Reality*. Jessica Kingsley Publishers.

Der kunsttherapeutische Ansatz Response Art in der Traumatherapie

6

Zusammenfassung

Das sechste Kapitel beinhaltet Beispiele aus der kunsttherapeutischen Praxis der Autorin, die sich auf ihre Erfahrungen aus der Traumatherapie beziehen. Hier wird auf die Spezifik der therapeutischen Behandlung eingegangen. Dadurch, dass die dissoziative innere Strukturierung als ein kreativer Akt der Psyche gesehen wird, eignet sich die Kunst als Medium hervorragend dazu, diese darzustellen sowie nach einer kreativen Vernetzung innerhalb des Systems zu suchen.

Traumatische Ereignisse gehören zum Leben, nicht nur in den letzten Jahren, wo in den Medien Berichterstattungen über kriegerische Auseinandersetzungen in verschiedenen Weltregionen allgegenwärtig sind. Nicht nur die Gewalt durch Menschen wird als traumatisch erlebt, auch Naturkatastrophen verschiedenster Art sowie Verkehrsunfälle können Traumata verursachen.

6.1 Einleitung

Traumata werden als Ereignisse beschrieben, die plötzlich auftreten, intensiv und zerstörerisch sind, weil Gefahr für Leben und Gesundheit besteht, sowie durch die ausgelösten Gefühle der Hilflosigkeit und des Ausgeliefertseins ausweglos erscheinen. In der ICD-10-Klassifikation psychischer und Verhaltensstörungen der WHO (1993) wird Trauma wie folgt definiert: „kurz- oder langanhaltendes Ereignis oder Geschehen von außergewöhnlicher Bedrohung mit katastrophalem Ausmaß, das nahezu bei jedem tiefgreifende Verzweiflung auslösen würde“.

A. Stanoeva, *Response Art*, https://doi.org/10.1007/978-3-658-47571-0_6

Die Fachliteratur unterscheidet die traumatischen Ereignisse je nach dem, ob sie einmalig oder mehrmals aufgetreten sind:

- Typ-I-Traumata für einmalige kurzfristige Ereignisse und
- Typ-II-Traumata für mehrfache traumatische Ereignisse und langfristige Traumatisierung.

Eine weitere Unterteilung wird je nach verursachender Instanz vorgenommen:

- Nonintentionale/akzidentielle Traumata: zufällige traumatische Ereignisse durch die Natur, Naturkatastrophen oder Verkehrsunfälle.
- Intentionale Traumata: Traumatisierungen, die durch Menschen willentlich und absichtlich verursacht wurden, auch bekannt als Beziehungstraumatisierung.

Diese Differenzierungen sind insofern wichtig, weil sie die Verarbeitung und die Behandlungsperspektive zum Großteil mitbestimmen.

6.2 „Wir sind viele!" – Ein Leben mit dissoziativer Identitätsstruktur

Schwere, komplexe und chronische Traumatisierungen haben eine ausgeprägte Symptomatik und eine gestörte Persönlichkeitsentwicklung als Folge. Es handelt sich meistens um eine *Beziehungstraumatisierung*, die sehr früh im Kindesalter beginnt, über einen längeren Zeitraum andauert, ein hohes Maß an Gewalt oder sogar sexualisierte Gewalt beinhaltet. Die ICD-10 (WHO, 1993) zählt einige spezifische Formen von Traumafolgestörungen auf, dazu gehört auch die dissoziative Persönlichkeitsstörung oder noch bekannt als *dissoziative Identitätsstruktur* (DIS). Die sensible Kindespsyche kann bestimmte Entwicklungsschritte nicht normal durchlaufen und abschließen, da sowohl Zuwendung als auch Gewalt von ein und derselben Bezugsperson zugleich kommen. Durch die Abhängigkeit des Kindes von dieser Bezugsperson ist das Überleben der schweren langandauernden Traumatisierungen mit verschiedenen Dissoziationsvorgängen verbunden. Wie Pausch und Matten (Pausch & Matten, 2018, S. 36) beschreiben, führen diese dazu, dass „sich die Seele des Opfers dissoziativ strukturiert, um zu überleben, es entwickeln sich unterschiedliche Persönlichkeitsanteile". Diese Anteile haben eigene Erinnerungen, Eigenschaften und emotionalen Zustände, so die Autoren weiter. Bei dissoziativ strukturierten Menschen scheinen die verschiedenen Anteile oder die sog. *Ego-States* mit sehr klaren Grenzen nebeneinander zu existieren und nichts voneinander zu wissen. So sehen Pausch und Matten die dissoziative Struktur als eine kreative und erfolgreiche Überlebensstrategie (ebd.).

Ein Leben mit DIS ist für viele der Betroffenen mit hohem Leidensdruck, sozialer Isolation, Amnesien, Flashbacks und Hyperarousals verbunden. Aufgrund von Erinnerungslücken, Dissoziationen, Depersonalisations- oder Derealisationserleben bekommen die Menschen meistens Fremdberichte über auffällige Dialoge oder Streitgespräche, über ein Handeln als verschiedene Persönlichkeiten, wechselnde Stimmungen, eine plötzliche Veränderung der Stimme oder des Verhaltens u. ä. Durch die eher umstrittene Diagnose der multiplen Persönlichkeit werden die Betroffenen oft auch von Fachmenschen nicht ernst genommen, sodass sie sich zunehmend sozial isolieren.

6.3 Binnenstruktur von DIS – ein kunsttherapeutischer Versuch der Darstellung

> „Sehen Sie, Frau Stanoeva, Sie fragen mich ‚Wer ist da gerade?' und ich habe keine Antwort darauf", sagte meine Patientin Frau A. „Ich weiß es doch selbst nicht, wer oder wie viele da sind", fuhr sie fort, „ich bin es alles, wir sind es."

In ihren Bemühungen, unsere erschwerte Kommunikation im kunsttherapeutischen Einzelsetting zu klären, griff Frau A. zu einem kleinen quadratischen Blatt Papier und malte mit der Pastellkreide ein schnelles spontanes Bild, das einem grafischen Modell ähnelte und mir sofort ein besseres Verständnis für die erlebte Binnenstruktur lieferte (Abb. 6.1). Es gäbe die inneren Bereiche (als gelbe Kugeln in der Mitte des Bildes dargestellt), erzählte mir meine Patientin. „Hier befinden sich Persönlichkeitsanteile, die ich zum Großteil nicht kenne", erläuterte sie. Es gäbe den großen Außenbereich (im Bild in Hellgrün dargestellt): „Hier sind alle Persönlichkeitsanteile, die ich kenne, mit denen ich gut im Kontakt bin und Zugang habe", sagte sie. Der Bereich dazwischen (rote Kreise im Bild zwischen dem inneren und dem äußeren Areal) sind die Persönlichkeitsanteile, zu denen nur bedingt Zugang bestehe. „Die Funktion dieser Anteile", erzählte mir meine Patientin weiter, „ist die Übersetzung und die Vermittlung zwischen den anderen zwei Bereichen." Mit den Pfeilen erklärte mir Frau A., dass die Kommunikation nur selten bidirektional erfolgt, denn oft gehen der Empfang der Information und die entsprechende Antwort über unterschiedliche Persönlichkeitsanteile. An der Stelle werden die Vermittler angeschaltet, die den Informationskern behalten, übersetzen und meistens über eine Kommunikationskette weiterleiten, indem sie nach einer internen Vernetzung suchen.

Die Erklärung der Patientin leuchtete mir sofort ein; künftig brauchte ich nicht danach zu fragen, wer da ist, sondern in welchem Bereich sich der jeweilige Persönlichkeitsanteil befindet. Die Verortung der Ego-States im bildnerischen Modell liefert mir sofort auch die Information über deren Funktion im komplexen System.

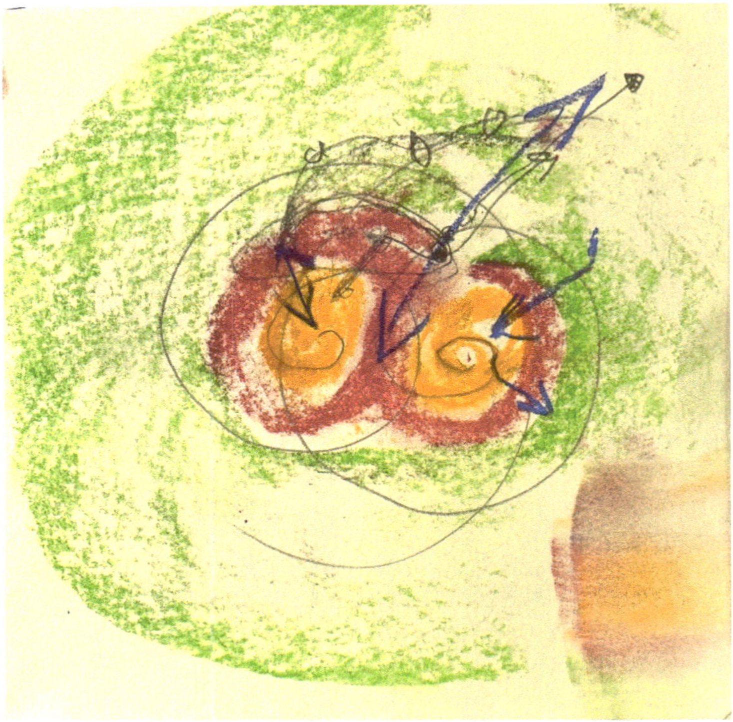

Abb. 6.1 Modell der Binnenstruktur von Frau A.

Nach der Erfahrung mit Frau A. in der Einzelkunsttherapie war ich nicht überrascht, sondern erstaunt und hoch erfreut, das Bild von Frau B. zu sehen, die ebenfalls versuchte, ihre innere dissoziative Struktur mit den unterschiedlichen Persönlichkeitsanteilen abstrakt darzustellen (Abb. 6.2).

Auffällig in beiden Bildern ist die Suche der Künstlerinnen nach einem grafischen Modell bei der Wiedergabe der Binnenstruktur. Zusätzlich fällt die Darstellung unterschiedlicher Bereiche auf, in denen die jeweiligen Anteile verortet werden. Die dritte Tatsache, die Gemeinsamkeiten in den beiden Prozessen aufweist, war die Frustration der Patientinnen. Beide kamen schnell an ihre persönlichen Grenzen mit der zweidimensionalen bildnerischen Darstellung. Sie hatten intuitiv das Bedürfnis nach einer dreidimensionalen plastischen Arbeit, um ihr Inneres darzustellen. Die Frauen merkten, dass das Konstrukt einer multiplen Persönlichkeit viel komplexer ist, als es die zweidimensionalen Bilder wiedergeben können. An der Stelle gab es für beide Patientinnen einen Wendepunkt in ihrem eigenen Verständnis von der Binnenstruktur ihres Systems sowie im künstlerischen Ausdruck, da die verschiedenen künstlerischen Techniken ihre Vor- und Nachteile haben.

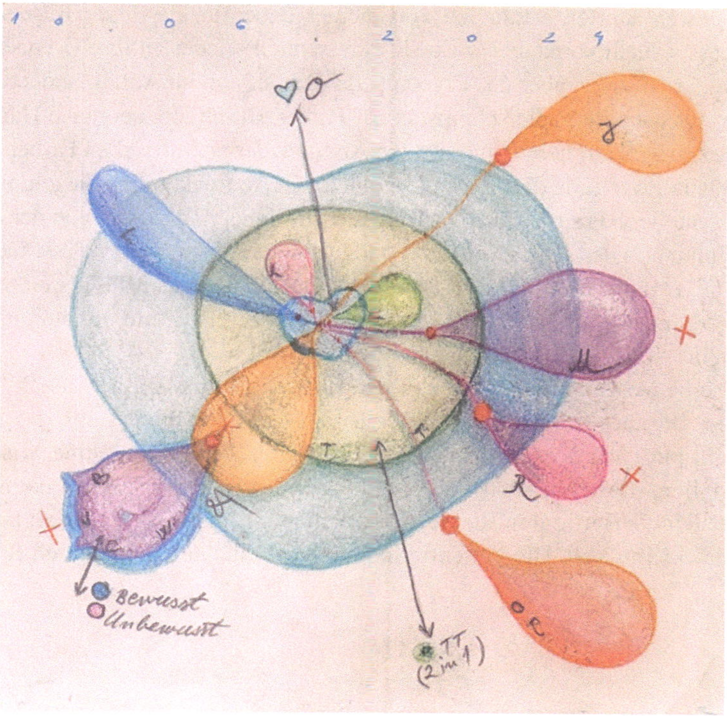

Abb. 6.2 Modell der Binnenstruktur von Frau B.

6.4 Dreidimensionalität der multiplen Persönlichkeit – künstlerischer Ansatz

Frau A. ist Mitte sechzig, gerade aus dem Berufsleben ausgestiegen und hat sich als Rentnerin für eine neue Lebensphase geöffnet. Als ein Mensch mit bildhauerischer Ausbildung und Gefühl für das Plastische hatte sie das innere Bedürfnis, dreidimensional zu arbeiten. Auch als Zeichnerin und Malerin würde ich sie als talentiert und besonders ausdrucksstark bezeichnen, obwohl sie hier die Anmerkung machen würde, es seien nur vereinzelte Persönlichkeitsanteile in ihr, die kreativ seien. Gemeinsam wollten wir herausfinden, in welchem Verhältnis sich die drei farbigen Bereiche aus ihrem abstrakten Modell befinden. Da die Kunsttherapeutin für einige Tage in Urlaub ging, wünschte sich die Patientin eine „Hausaufgabe" zur Überbrückung der Zeit. Die Aufgabe lautete: „Arbeiten Sie künstlerisch mit den drei Farben – Gelb, Rot, Grün – und beobachten Sie, wie sie sich zueinander verhalten." Frau A. war begeistert und motiviert und nahm die Aufgabe dankend an. Nach der Rückkehr aus dem Urlaub fand die Therapeutin ein zerknittertes Blatt Papier auf ihrem Arbeitstisch mit einem Zettel „Objekt von Frau A.".

Beim nächsten Treffen erfuhr ich von meiner Patientin, dass ihre Begeisterung im Arbeitsprozess schnell vergangen war. Sie kam schnell wieder an ihre Grenzen, war unzufrieden, sogar frustriert über das Ergebnis, das schließlich im Abfall landete. Sie arbeitete mit Acrylfarben und Papierschnipseln auf Papier. Durch ihre spontane Handlung des Zerknitterns entstand auf dem Papierrest ein Abdruck der noch frischen Farben. So stellte das Papierobjekt zwei Teile dar (Abb. 6.3), indem ein Abdruck, eine Spiegelung entstand. Der farbige Anteil, so Frau A., stellt die Situation im Inneren dar, während der Abdruck – die Wahrnehmung in der Außenwelt zeigt und uns nur erahnen lässt, was sich alles im Inneren verbirgt. Dank meiner Kollegin wurde das Objekt aus dem Müll herausgefischt und erneut angeschaut, worauf sich neue Perspektiven für die Patientin auftaten und die Akzeptanz möglich war.

Fast derselbe Vorgang bot der kunsttherapeutische Prozess mit Frau B., eine Frau Ende vierzig, begabte Künstlerin und Bühnenbildnerin. Auch sie hatte das Bedürfnis, ein Selbstbild plastisch darzustellen. Dabei dachte die Patientin an eine Mischung aus Naturmaterialien, die schließlich für sie ein Fantasiewesen ergaben. In meiner Sammlung von Schleich®-Tierfiguren suchte sie nach einem Einhorn. Als sie dort keines fand, ergriff sie das kleine Reh. Die Patientin meinte, sie bräuchte einen kurzen Spaziergang

Abb. 6.3 3D-Darstellung von Frau A.

im Park und würde draußen nach zusätzlichen Materialien suchen. Einige Zeit später kam sie sehr aufgeregt und inspiriert von ihrem Spaziergang in die Kunsttherapie zurück und begann, kreativ zu arbeiten. Was dann passierte, überraschte nicht nur mich. Die gesamte Gruppe staunte über das Objekt, das von Frau B. kreiert wurde (Abb. 6.4). Lindenblüten, Feder, kleine Stöckchen und andere Materialien wurden an das kleine Reh mit Leukotape befestigt und mit Farbe ergänzt. Das Ziel der Patientin war es, möglichst ein Einhorn zu erschaffen. Zusätzlich war es ihr wichtig, ihre Wunden zu zeigen und diese heilend in die Gestalt zu integrieren. Es entstand ein Objekt, das absolut einzigartig und authentisch war.

Abb. 6.4 3D-Darstellung von Frau B.

6.5 Kontaktaufnahme zu kindlichen Anteilen und Beziehungsaufbau

Die Patientin Frau A. saß erwartungsvoll mir gegenüber, in der Hoffnung, dass ich „etwas mit ihr mache" und den Verlauf der Therapiestunde bestimme. Meine Frage nach ihrem eigenen Anliegen für die Sitzung konnte sie mir nicht beantworten. Langsam und behutsam brachte Frau A. ihr kleines Zeichenbuch aus der Tasche heraus und schlug eine Seite auf, die bereits in der Gruppentherapie entstanden war.

„Sehen Sie, ich habe gestern dieses Kind hier gezeichnet ..." (Abb. 6.5), fuhr sie fort.

„Ja, ich erinnere mich an das kleine Mädchen", antwortete ich. „Wie hat sich diese Bildidee entwickelt?"

„Ich wollte die Einsamkeit des Kindes zum Ausdruck bringen", begann die Patientin. „Ich kann mich an vieles nicht mehr erinnern, es sind so viele Gedächtnislücken da, aber die Einsamkeit war immer präsent", meinte sie. „Ich weiß nur, dass dieses Kind grausame Dinge erlebt hat, und dass es ihm richtig schlecht gegangen ist, aber ich will es mir nicht ansehen und nicht anhören, es gehört in die Vergangenheit und ich kann sie nun nicht verändern", erläuterte Frau A. weiter.

„Gibt es jemanden aus dem System, der das Mädchen ansehen oder zuhören könnte?", fragte ich. „Wer steht mit dem Kind in Kontakt?"

Die Patientin zuckte ahnungslos mit den Schultern und konnte mir keine Antwort geben. Dieses Kind sei für sie nicht zugänglich, meinte die Frau. Einerseits sehnte sich meine Patientin danach, gesehen und gehört zu werden, andererseits hatte sie große Angst davor.

Abb. 6.5 Zeichnung der Patientin

Die Kunsttherapeutin stand auf und durchsuchte ihre Materialkisten. Wenig später kam sie mit einer PLAYMOBIL®-Figur zurück und stellte sie auf den Tisch hin.

„Frau A., diese Figur steht für mich als Therapeutin. Ich würde sie jetzt langsam in Richtung des Kindes bewegen. Könnten Sie bitte bestimmen, wie nah sie an Ihrem Bild stehen bleiben darf?"

Die Patientin schaute mich erstaunt an, legte aber entschlossen den Abstand zwischen der Figur und dem gezeichneten Mädchen fest (Abb. 6.6).

„Meine Therapeutinfigur würde sich das kleine Mädchen anschauen und ihm zuhören. Ist das in Ordnung für Sie?"

Die Patientin nickte zustimmend. In der Rolle der kleinen®-Figur, die neben dem Bild stand, begann ich damit, das Kind zu fragen, was es gerade braucht. Ich fragte, ob das kleine Mädchen Hunger und Durst hatte, ob es ihm kalt oder warm war, usw. Zu meiner Freude kam irgendwann eine Antwort von Frau A.: „Das Mädchen braucht nur jemanden zum Schaukeln!"

So fragte ich weiter, ob meine Figur mitschaukeln darf. Dies wurde mir von der Patientin gestattet. Nachdem wir uns auf die Position geeinigt hatten, in der meine Figur sitzen

Abb. 6.6 Annäherung der Therapeutin mithilfe der Figur

darf (mit dem Gesicht oder mit dem Rücken zu der Patientin), schaukelten die beiden eine Weile miteinander – das gezeichnete Kind und die 3D-Plastikfigur! Abb. 6.7 und 6.8 veranschaulichen die Situation aus beiden Perspektiven, der Patientin und der Therapeutin. Während die beiden im Bild schaukelten, griff ich mit der Patientin ein Gespräch der Begleitenden im Hier und Jetzt auf.

Abb. 6.7 Blick aus der Position der Patientin

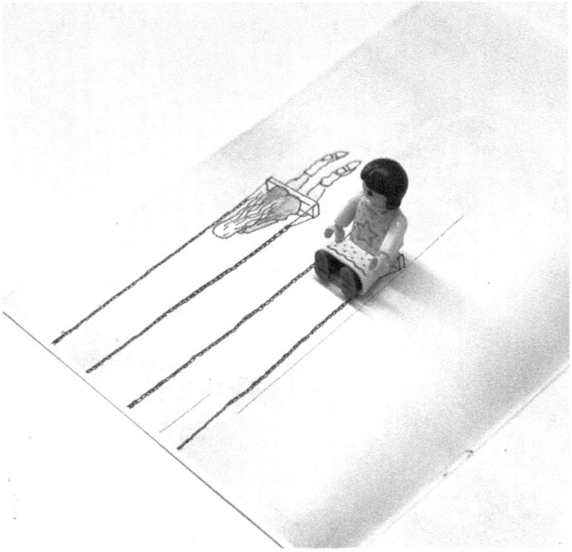

Abb. 6.8 Blick aus der Position der Therapeutin

Am nächsten Tag wollte ich von der Patientin wissen, welche Wirkung unsere Einzelsitzung hatte. Sie erzählte mir, dass sie nach Hause gefahren sei und dort in einen tiefen und festen Schlaf gefallen sei. Sie konnte den Prozess nicht konkret fassen und reflektieren, hatte selbst aber das Gefühl, es sei etwas Wichtiges in der Stunde passiert.

6.6 Die Begegnung mit der Therapeutin im Raum

Wie komplex und erschwert die Therapie mit Traumapatient*innen sein kann, wird in der folgenden Beschreibung deutlich. Nachdem meine therapeutische Figur und das Kind zusammen geschaukelt hatten, gestaltete sich die darauf folgende Einzelstunde sehr interessant. Immer noch begeistert von dem oben beschriebenen Ablauf, holte ich gleich zu Beginn der Session meine Figur heraus und platzierte sie auf dem Tisch:

> „Wissen Sie noch, wer das ist?“, fragte ich meine Patientin.
>
> An ihrem unwissenden Blick konnte ich erkennen, dass sie keine Ahnung hatte. Ich begann kurz zu erzählen: „Das ist meine Therapeutinfigur. Sie hat das letzte Mal mit dem kleinen Mädchen geschaukelt …“
>
> „Nein!“, sagte die Frau bestimmend. „Das war eine männliche Figur. Die hier habe ich noch nie gesehen.“
>
> „Es war diese Figur Frau A.“
>
> „Ich erinnere mich nicht mehr“, sagte sie. „Ich weiß, es war eine Figur da, aber ich weiß nicht mehr, wie sie aussah …“

Mir wurde klar, dass ich trotz der kleinen Fortschritte im Beziehungsaufbau, nicht dort anknüpfen konnte, wo wir das letzte Mal aufgehört hatten. Ich legte ein leeres Blatt Papier auf den Tisch und platzierte meine Figur in die Nähe.

> „Frau A., wenn Sie diese Figur so anschauen, was kommt Ihnen in den Sinn, was Sie als Antwort dazu malen könnten?“

Schweigend griff die Patientin zu der blauen Pastellkreide und malte einen Fisch der Therapeutin gegenüber. Dann wurde er in Gelb-Grün angemalt. Weiter wurde das Bild mit blauem Wasser und Seerosen an der Oberfläche ergänzt, die ihre Wurzeln in die entgegengesetzte Richtung schlugen. Mit einer flüchtigen Linie wurde unter Wasser der Boden angedeutet. Die Therapeutin nahm die braune Kreide und indem sie mit langsamen Bewegungen die Farbe verteilte, verstärkte sie den Untergrund. Dies gab der Darstellung etwas Basis und Stabilität. Frau A. nutzte den entstandenen Boden und malte einige Schnecken, Käfer und Würmer dorthin. Zusammen ließen wir Seegräser bildnerisch wachsen. Die basale Versorgung des Fisches schien vorerst abgeschlossen zu sein. Frau A. machte sich auf den Weg zu meiner Therapeutinfigur und startete einen Dialog, indem sie mir einen Holzsteg „baute“. Diese Handlung berührte mich und ich interpretierte sie als eine Sehnsucht nach Nähe. Als Antwort kam die Therapeutinfigur an den Steg, und indem sie

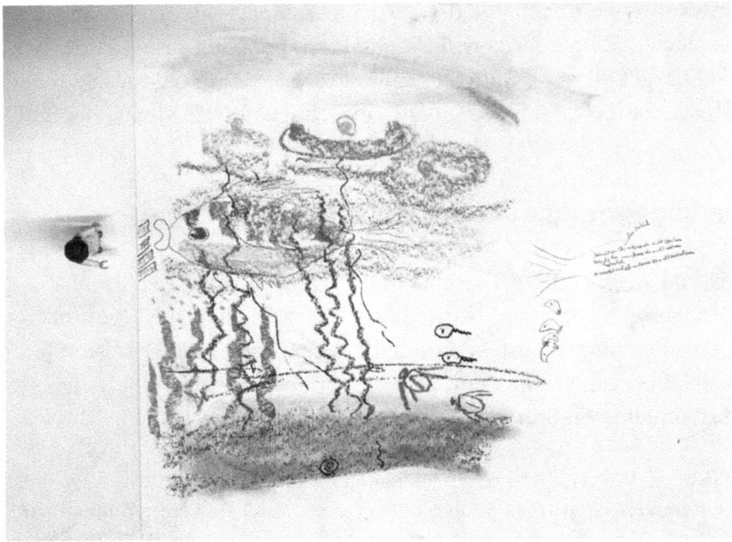

Abb. 6.9 Bildnerische Kommunikation – Gesamtansicht

kleine gelbe Punkte im Wasser malte, „warf" sie dem Fisch Futter zu. Während ich malte, sprach ich zu der Patientin: „Die Figur wirft Zauberkörner ins Wasser, sie haben magische Kräfte. Wenn der Fisch sie fressen würde, was wird dann anders sein?"

Genauso schweigend wie bisher machte die Patientin an der Stelle einen Rückzug und zeichnete den Fisch, wie er sich in die andere Richtung wendet und sich von der Therapeutin entfernt. Der Fisch ergriff die Flucht (Abb. 6.9).

„Was passiert gerade Frau A.? Was geht in Ihnen vor?", fragte ich.

Überrascht von dieser Wendung versuchte ich verzweifelt, den Fisch zurückzuholen. Die Patientin verstummte, gab keinen Laut mehr von sich. Meine Fragen begann sie schriftlich im Bild zu beantworten:

„Braucht ein Ohr – kann aber nicht sprechen.
Braucht ein Taschentuch – kann aber nicht weinen.
Er wendet sich ab – kann es nicht annehmen."

An dieser Stelle unterbrach die Patientin die bildnerische Kommunikation mit mir und zog sich still zurück. Gemeinsam versuchten wir, das Geschehen zu reflektieren, indem wir die einzelnen Schritte im Prozess sprachlich festhielten. Frau A. erklärte mir, dass sie meine letzte Handlung sehr wohl verstand, aber mein bildnerisches Angebot nicht annehmen konnte. Sie wäre nicht in der Lage, es zu tun, denn sie denkt, sie verdiene es nicht und sei es meiner Mühe nicht wert. Nicht zuletzt schwingt hier meiner Meinung nach auch die Angst vor Veränderung mit. In unserer Motivation und Empathie mit den Menschen glauben wir oft, ihnen eine Lösung anbieten zu müssen. Zu unserem künstlerischen Medium gehört es, Veränderungspotential zu erkennen und eine Veränderung anstoßen zu wollen. Nur sind die Menschen oft noch nicht so weit, dasselbe wie wir sehen zu können oder etwas verändern zu wollen. Wie Dammann (2013) in seinem Vergleich zwischen symmetrischen (z. B. *die progressive Spiegelbildmethode*; Peciccia & Benedetti, 1998; Peciccia, 2013) und asymmetrischen (z. B. *die asymmetrische Spiegelbildmethode*; Schmeer, 2003, 2013) Vorgehensweisen in der Therapie schreibt, besteht bei den konfrontativen oder asymmetrischen Ansätzen die Gefahr, dass es für den Patienten bzw. die Patientin zu früh ist, den Schutzpanzer abzulegen. Selbst wenn wir als Therapeut*innen Sicherheit und Schutz vermitteln, könnte die Erfahrung einer tragfähigen Beziehung für erkrankte Menschen unbekannt sein, und durch verstärkte Ängste destabilisieren (Dammann, 2013, S. 73). Die Abb. 6.10 und 6.11 zeigen die Begegnung von Therapeutin und Patientin aus beiden Perspektiven.

Abb. 6.10 Begegnung in der Therapie – Blick aus der Perspektive der Patientin

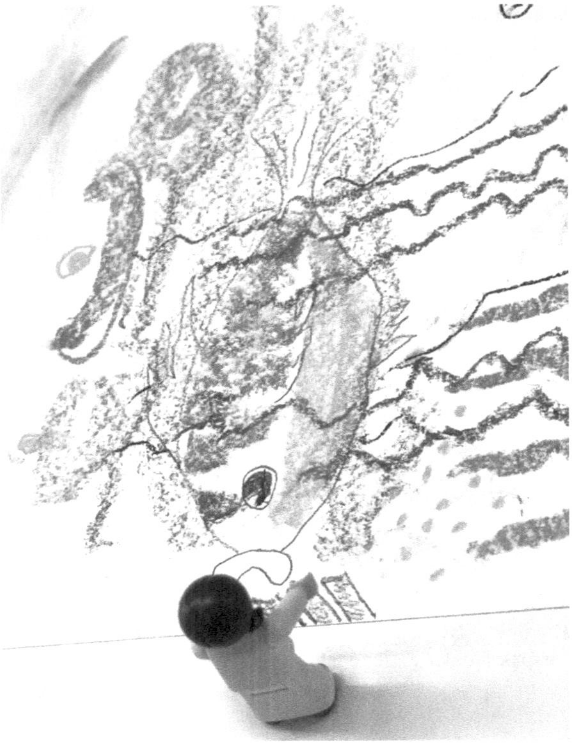

Abb. 6.11 Begegnung in der Therapie – Blick aus der Perspektive der Therapeutin

6.7 Zusammenfassung

Meistens ist der Grund für die Entstehung eines schweren Traumas, das sehr früh im Kindesalter beginnt, die sog. *Beziehungstraumatisierung*. Die Abhängigkeit des Kindes von einer Bezugsperson, die gleichzeitig als Täter Gewalt hinzufügen kann, führt oft zu einer gestörten Persönlichkeitsentwicklung, in der bestimmte Entwicklungsphasen nicht abgeschlossen werden konnten. Um zu überleben, musste sich die Seele dissoziativ strukturieren und verschiedene *dissoziative Ego-States* bilden (Pausch & Matten, 2018). Diese abgespaltenen Persönlichkeitsanteile kommen oft mit ihren spezifischen Eigenschaften und Emotionen in der Kunsttherapie eindrucksvoll zum Vorschein.

In den oben dargestellten Fällen aus der Praxis wird deutlich, dass diese Abspaltung die Möglichkeit, eine einheitliche innere Struktur entstehen zu lassen, verhindert. Auffällig bei beiden Patientinnen war die Suche nach einer plastischen Darstellung ihrer Binnenstruktur. Die Patientinnen gestalteten ein grafisches Modell, in dem die Persönlichkeitsanteile unterschiedlichen Bereichen zugeordnet wurden. Die Reflexion ging so weit, dass es im System oft an Verbindungen und Kommunikation zwischen den einzelnen Ego-States fehlte. Eine Kommunikation zwischen den Anteilen zu ermöglichen, ist eines der Ziele in der Traumatherapie.

Dadurch, dass die dissoziative innere Strukturierung als ein kreativer Akt der Psyche verstanden wird (Pausch & Matten, 2018), eignet sich die Kunsttherapie als Medium hervorragend dazu, diese nicht nur darzustellen, sondern auch nach einer kreativen Vernetzung innerhalb des Systems zu suchen. Als Kunsttherapeut*innen ermöglichen wir dies auf unterschiedliche Weise. Oft besteht unsere Arbeit darin, schwer aushaltbare Emotionen unserer Patient*innen zu containen, sie durch ein Bild zu verdauen und zu transformieren, um die Emotionen schließlich in einer veränderten Form als eine Antwort zurückzugeben (Bion, 1990).

Literatur

Bion, W. (1990). *Lernen durch Erfahrung*. Suhrkamp.

Dammann, G. (2013). Wirkfaktoren des Progressiven Therapeutischen Spiegelbilds im Lichte neuer psychodynamischer Prozesstheorien. In G. Dammann & T. Meng (Hrsg.), *Spiegelprozesse in Psychotherapie und Kunsttherapie* (S. 69–85). Vandenhoeck & Ruprecht.

Pausch, M., & Matten, S. (2018). *Trauma und Traumafolgestörung: In Medien, Management und Öffentlichkeit*. Springer.

Peciccia, M. (2013). Der Traum und das Progressive Therapeutische Spiegelbild. In G. Dammann & T. Meng (Hrsg.), *Spiegelprozesse in Psychotherapie und Kunsttherapie* (S. 29–68). Vandenhoeck & Ruprecht.

Peciccia, M., & Benedetti, G. (1998). The integration of sensorial channels through progressive mirror drawing in the psychotherapy of schizophrenic patients with disturbances in verbal language. *Journal of the American Academy of Psychoanalysis, 26*, 109–122.

Schmeer, G. (2003). *Kunsttherapie in der Gruppe. Vernetzung – Resonanzen – Strategeme*. Klett-Cotta.

Schmeer, G. (2013). Resonanz und Verfremdung. Unbewusstes und absichtliches Ausscheren aus der Spiegelresonaz. In G. Dammann & T. Meng (Hrsg.), *Spiegelprozesse in Psychotherapie und Kunsttherapie* (S. 256–275). Vandenhoeck & Ruprecht.

Weltgesundheitsorganisation (WHO). (1993). *Die ICD-10-Klassifikation psychischer und Verhaltensstörungen*. Weltgesundheitsorganisation.

FSC
www.fsc.org
MIX
Papier | Fördert gute Waldnutzung
FSC® C083411

Kolibri 360 GmbH
Ferdinand-Jühlke-Straße 7
99095 Erfurt, Deutschland
produktsicherheit@kolibri360.de